Euro Crash

The Implications of Monetary Failure in Europe

被《国际商业评论》
誉为
“欧元怀疑论者的圣经”

欧元崩溃

欧洲货币政策失灵的启示

[英] 布伦丹·布朗◎著
秦永生◎译　肖　铭　田文慧◎校译

中国财政经济出版社

图书在版编目（CIP）数据

欧元崩溃：欧洲货币政策失灵的启示/（英）布朗著；秦永生译. -- 北京：中国财政经济出版社，2012.4

（期货市场研究丛书）

书名原文：Euro Crash The Implications of Monetary Failure in Europe

ISBN 978-7-5095-3343-7

Ⅰ. ①欧… Ⅱ. ①布… ②秦… Ⅲ. ①欧元区－货币－政策－研究 Ⅳ. ①F825.00

中国版本图书馆CIP数据核字（2011）第282320号

著作权合同登记号：图字01-2011-7693号

《欧元崩溃》的作者是布伦丹·布朗。本书由帕尔格雷夫·麦克米兰出版社首次出版。此出版社是麦克米兰出版有限公司下属的一家出版公司。帕尔格雷夫·麦克米兰出版社授权中国财政经济出版社翻译并出版此版本。作者声明本人是本书的合法作者。

中国财政经济出版社 出版

URL：http://www.cfeph.cn

E-mail：cfeph @ cfeph.cn

社址：北京市海淀区阜成路甲28号 邮政编码：100142

发行处电话：88190406 财经书店电话：64033436

北京富生印刷厂印刷 各地新华书店经销

787×1092毫米 16开 13.75印张 190 000字

2012年4月第1版 2012年4月北京第1次印刷

定价：36.00元

ISBN 978-7-5095-3343-7/F·2833

（图书出现印装问题，本社负责调换）

本社质量投诉电话：010-88190744

译者注

本书由秦永生翻译，肖铭、田文慧校译。在校译过程中参考并采纳了余方先生提出的许多宝贵和有价值的建议和意见，在此一并予以感谢。

——译者

伦敦科比街6–10号萨弗隆·豪斯，EC1N 8TS

帕尔格雷夫·麦克米兰出版社2010年首次出版

英国帕尔格雷夫·麦克米兰是麦克米兰出版有限公司下属的一家出版公司，其注册地址为英格兰汉普郡贝辛斯托克亨德米尔RG21 6XS，公司注册号785998。

美国帕尔格雷夫·麦克米兰出版社是圣马丁出版有限公司的分公司。

地址：纽约第五大街175号，NY10010.

帕尔格雷夫·麦克米兰出版社是上述公司的全球学术出版公司，在世界各地均设有分公司和代表处。

致 谢

伊利莎白·V. 史密斯毕业于伦敦大学学院。她在本书研究、手稿各个阶段的准备工作以及证明的验证中提供了宝贵的帮助，在此谨表谢意。

目 录

1 对欧元的指控 1

21 世纪最初十年的全球信贷泡沫及其破裂，引发了人们对其成因的探索。探寻引发经济危机和金融崩溃的原因与揭示战争爆发的原因有相似之处。

2 欧元泡沫的由来 49

现在掌握欧洲货币命运的那些热衷欧元的人却鼓吹一个新的金融政治和经济未来已经来临。

可最终证明这种说法是空洞无物的。十年后，欧洲货币基金组织就淹没在一次萧条的信贷泡沫之中。

3 泡沫破裂 83

大西洋两岸的货币政策引发了全球信贷泡沫（2003年7月）及随之而来的泡沫破裂，或许这些政策尚且不足以称之为“灾难性的”货币政策。但这些政策相距“灾难”又有几步之遥呢？

4 审判 125

现在让我们有请欧洲货币联盟这个项目的主管官员们，听听他们的高论吧，他们一直在为欧洲货币联盟辩护。

5 采用什么拯救方案？ 167

拯救方案是否能改善现状，在很大程度上取决于接下来要实行的货币体制和解散欧洲货币联盟的代价。

参考书目 211

1

对欧元的指控

21 世纪最初十年的全球信贷泡沫及其破裂，引发了人们对其成因的探索。这种探索基本上是历史探索，而非刑事调查。目前正在对金融机构与个体的行为和缺陷进行详细审查，调查人员也正在将注意力转向可能是共同引发这场灾难的那些更广泛的社会力量和经济力量。

探寻引发经济危机和金融崩溃的原因与揭示战争爆发的原因有相似之处。不过，这个类比是不全面的，因为调查毁灭和平的原因最终会导致对战争罪行的指控。已证实犯有战争罪行的人或组织会以反人类罪或较轻指控受到应有的惩罚（有时是在其死后以纯假设的诉讼程序进行）。在经济崩溃调查中，罪名和惩罚是毫无意义的。

通常，央行官员们和财长们不会为了国家和个人能够在经济灾难中获得不错的收益而故意大胆地推动经济灾难的发生。或许在经济刺激阶段的某个罕见时刻，一些经济政策制定者会在瞬间想到问题会变得有多么糟糕。也许他们本应按照这些理解加倍小心地行事，即便如此，他们的莽撞也并不针对任何具体目标——没有特定受害人为他们的潜在收益买单，更没有需要征服的敌人。

如同战争调查一样，经济灾难调查的主要目的是发现导致经济灾难发生的脆弱和不足之处。众多调查人员希望更好地理解问题所在，这样可以为避免将来再次发生类似灾难找出一套应对方案。

历史调查是分散调查，没有首席公诉律师，只有专家、政治家和评论员。这些人员进行各自的研究分析，或独自开展，或集体进行。在对2003–2009年全球信贷泡沫及其破灭的调查中有这样的示例，怀疑的方面包括不成熟或者完全错误的货币学说以及对监管人员因渎职而未有效监督的监管体系。这种监管体系不经意间覆盖和扭曲了下面这些领域的潜在约束机制：市场、基于对风险和不当薪酬标准系统低估的金融中介、资本市场定价严重低效等——包括银行权益估值方法、远东儒学传统以及其他许多方面的关键主题。

在一片反思之中，调查者对亚当·斯密“看不见的手”的功能中固有的缺陷提出了重大质疑——尤其是那些“看不见的手”能否正确指导股票市场分析师或者商业调查记者创造和传播内容精辟、可靠金融的财务信息。

许多最终证实有罪的人及其辩护人都企图证明别人也应对指控负有责任。

研究部分关于指控的文献和媒体资料后发现，目前分散调查的“指控”范围非常广泛。在某些“审判”或预审中，（指控程序的）对象甚至包括艾伦·格林斯潘和本·伯南克等著名的央行官员（而诉讼书的头一条便是这些央行官员导致了严重的货币失衡）。

在其他审判程序中，一些集体实体或团体也受到指控——中国政府（的汇率政策）、储蓄过多的东亚家庭和公司、监管机构——包括著名的美国证券交易委员会、国际清算银行以及欧洲和美国的央行等，指控他们漠然无视各自监管领域所发生的问题，此外还指控那些有缺陷金融产品的创造者、没有准确发现问题的业务经理或客户、没有发现或揭示金融业（特别是在金融杠杆和更广泛的风险参与方面）真实现状的分析师或记者以及那些无视金融杠杆风险而沉湎其中的投资者，这些投资者没有理性评估他们所面临的风险发生的概率，甚或未能清楚地思考这些问题，从而高估了他们特别偏好的情况的发生概率。

在潜在质疑对象名单中严重忽略了欧洲新货币体系，1998年底欧洲新货币体系取代了由德国马克和德国央行主导的欧洲旧货币体系。同样，欧洲货币联盟（EMU）、欧洲央行（ECB）和主要欧元区官员也未受到指控。

本书的主题是讨论欧元启动所释放出的一些力量，这些力量在全球信贷泡沫的形成以及后泡沫时期主要在欧洲所出现的不必要的痛苦和浪费方面起着重要作用，这种作用虽非独一无二，却是非常关键的。欧洲央行一系列错误政策的选择是上述情况发生的重要原因之一。

我们将在文中揭示，是新货币联盟的结构缺陷及其操作人员（尤其包括欧洲央行那些官员）的政策失误共同造成了如此糟糕的后果。假如欧洲货币联盟的缔造者未将货币政策的框架设计职责交给刚刚成立的欧洲央行的话（该行内部新任委员会成员和首席经济师奥托马·伊辛教授领导的项目设计秘密委员会只有几周时间来完成这个任务），一些缺陷在一定程度上可能就会有所降低（结构缺陷和运营失误之间存在彼此无法分割的灰色地带，因此两者的区分并不是那么严格）。

第一章的一组指控瞄准了欧洲货币联盟，尤其将联盟的各个机构列为主要指控对象，指控就这样形成了。本书其他部分充分介绍了支持指控的证据，也介绍了被告的辩护主张（多数主张将责任转到其他目标）。权衡指控和反诉之后，本书得出欧洲货币联盟最佳发展方向的一个假设性判断，这个判断包括对一个应对方案的介绍，其中涵盖了在大泡沫痛苦后果和2003—2009年及其之后泡沫破裂期间欧洲货币联盟所造成的危害。

我们先从指控概述说起。

指控概述

1998年启动的欧洲货币联盟推动了欧洲一系列货币和资本市场的发展，这些发展严重加剧了全球信贷泡沫和联盟前10年（及之后）泡沫的破裂，尤其对欧洲经济体具有破坏性意义。

欧洲央行无疑面临着巨大挑战，同时也受制于货币联盟结构上的本质缺陷，但（即使承认公众对其履行价格水平稳定使命的怀疑所带来的束缚）其糟糕的货币框架设计和严重加剧了经济损失的失误决策是可以避免的。下面我们将详细介绍这些指控。

有缺陷的仪表盘

从欧元启动到信贷泡沫及其破裂的系列发展与新成立的联盟货币政策操盘手们（央行银行家）要使用的仪表盘（译者注：即金融政策工具手段）同时启动，而这个仪表盘几乎是完全不可靠的。

仪表盘问题的实质是缺乏信心基础，即新联盟内货币供应的任何选定定义都将是政策制定者的可靠指导，他们据此可以实现《马斯特里赫特条约》规定的价格水平稳定目标。

信心缺失源自下面这个事实：不了解（银行现钞和银行存款等形式的）新货币（平衡）需求的程度，或者不清楚货币供应之后的动态特征（按照任何给定的货币基数路径，银行存款总量如何强有力地膨胀）。

即便接受技术指导的最杰出的货币专家也无法解决这个问题。不过下文（参见本书第 184—186 页）我们将看到改进的货币基数控制是如何同略微高一些的存款准备金的要求一道，部分解决了这个问题的。

随着时间的流逝，通过不断学习，预计问题的严重程度可能会减轻。而且有理由希望政策制定者会设计更多的检查和平衡方法来控制因仪表盘不可靠而引发的货币不稳定程度，并且减少因此造成的损害。可是，最后这些希望全部落空了。

有瑕疵的货币框架和不完善的目标使命

就在货币联盟启动伊始，甚至是在其启动前半年（1998 年中期至年底），欧洲央行管理委员会创始成员针对货币政策框架设计就已作出一系列不幸的决策。

要弄清楚这些错误的出现过程，我们就不应低估欧洲央行政策制定创始成员所面临的困难，尤其是应考虑到有缺陷的仪表盘。

从1998年5月欧盟峰会（各国首脑正式决定推动欧洲货币联盟进入最后阶段）召开到欧元启动前（1999年1月1日）制定出充分可行的计划（2008年秋）的最后截止日期前这段短暂的时间内，欧洲央行管理委员会必须确定如何解读和执行有关新货币联盟《马斯特里赫特条约》关键的第105条。

第105条规定：

> 欧洲中央银行系统（ESCB）的基本目标是保持价格稳定，在不损及价格稳定目标的前提下，ESCB应以有利于达到第2条确定的共同体目标为目的，支持共同体的一般经济政策。

条约规定欧洲央行应认真阐释价格稳定的定义及如何实现价格稳定。结果，留给人们商讨的时间仅有几周多一点，这真是太不幸了。

条约制定者本应制定一套清晰的指导性货币原则，条约中的（货币条款）指导原则本应将货币稳定目标和长期价格稳定目标一同纳入。

货币稳定是指货币不会成为经济严重失衡的一个原因（复杂的经济机器中众人皆知的破坏因素——参见本书第10页）。

在货币的推动下，市场利率可以远远超出符合长期平衡条件的中间利率或自然利率水平，这时货币便成为一个不平衡之源，货币对市场利率的推动超过任何理想调控。在经济失衡——如严重经济衰退——刚开始时，健康市场将通过固定长期货币供应增长实施经济调控（在一些严重的经济衰退中，只有废除限制名义利率低于零的“零利率壁垒”，市场才能正常运转——参见本书第172—174页）。

即使不出现商品和服务中短期价格增长的任何症状也可以产生货币不稳定现象。相反，出现的症状可能是资产和信贷市场的热度变化（极端的情形是出现泡沫和泡沫破裂），这种变化很大程度上是（衰退冲击之后的）一段时期内央行首先将货币利率降到理想路径之下，期间经济正恢复平衡，随后央行将资产和信贷市场的热度控制在与持续总体平衡相符的中间利率水平之下（中间利率水平是指自然利率加上长期预计平均年价格增长率。在金本位体系中，这种价格增长率是零，因此经济学家最初没有对两者作出区分）。

长期货币稳定和长期价格水平稳定是两个部分重叠的概念，有时两者不能同时实现。某些中期阶段的货币稳定目标不得不（稍加）放弃，以便实现长期价格稳定的目标。

长期货币稳定和长期价格稳定这两个目标平衡的要素与美联储经常讨论的双重目标使命间的平衡有些相似之处，美国国会指控美联储既追求价格稳定又力图实现全部就业，但是凯恩斯理论认为通过控制通货膨胀可以提高就业率，因此这个双重指令主体上是骗人的。下文我们将看到，长期货币稳定和价格稳定的双重指令虽然更难掌握，但是却更重要。

现代经济动荡形成的基本和长期的原因是货币稳定和长期价格稳定之间的不协调现象。条约制定者本应为欧洲央行处理这种不协调现象提供一些指导方针。

产生不协调的原因是实现长期价格水平稳定需要刻意使货币出现一定程度的不稳定。而且实现货币稳定有时需要中短期价格水平不稳定，即使这可能引发对能否实现长期价格水平稳定的关切。

例如，在生产率增长小高潮或贸易条件改善期间，应允许价格水平下滑。相反，如果央行试图阻止推动价格下滑的力量，那就会加剧信贷资产泡沫的膨胀（这也是严重货币不平衡的征兆）。

与此相似，如果央行阻止实际原因，如突发能源短缺、生产率突然下降或贸易下滑等推动的价格水平上涨，就会引发资产信贷紧缩等形式的货币不平衡。

此外，商业周期内一些价格水平的波动是资本主义经济自身摆脱经济衰退的良性循环的一部分，热心实现短期价格水平稳定的银行不应错误地予以干预。不过，如果认真思考实现长期价格水平稳定的目的则一定会积极地彻底消除货币不稳定现象。

即使没有出现严重的货币失衡，随着时间的流逝，价格水平也可能已超过或低于与长期稳定相一致的指南所规定的水平。例如：

多数实际影响（如生产率增长、贸易条件改善）都可能已推动了价格水平的下滑。

在这种情况下，为实现长期价格水平目标，就需有意保持一定程度的货币不平衡。这需要几十年而非数年的时间来完成——这也正符合黄金本位下的自动机制功能。

没有尝试建立自动货币控制机制

1914 年我们被逐出黄金伊甸园（复杂现实的浪漫表述！），在这个伊甸园之外的我们的这个货币世界，必须要建立一套尽可能自动化的替换稳定机制（从而对为实现长期价格稳定而创造的货币不平衡程度进行微调）。可能非常精密的机制应能够按要求灵活自如地调整新货币基数供应的龙头，维持货币稳定，轻松实现最低所需目标，从而保持长期价格稳定。

条约起草者根本没有提及要同时做到货币稳定和实现长期价格水平稳定的目标。他们没有具体描述如何设计最优自动机制，从而限制长期价格水平稳定需要的货币不平衡的根本水平。这样严重的忽略将导致货币框架设计和随后的政策制定中出现致命的错误。

条约本应规定一个更加全面的货币框架设计审核机制，并且规定审核应在公开而非秘密的论坛进行。应该为设计程序留下足够的时间（或许是在欧盟峰会决定推动欧洲货币联盟成立和各国成为欧洲货币联盟创始会员国到欧洲货币联盟正式启动之间的一年，而非只有半年），甚至有足够的时间进行必要的制度修改（尤其是有关储备金的要求），从而能够创建可能的最佳货币控制体系。

（伊辛教授领导的）欧洲央行框架设计委员会在工作期间可以从经典的货币经济文献中发现许多启示，然后进行讨论。

秘密的“伊辛委员会”的拙劣成就

没有证据显示最初欧洲央行曾经对备选方法进行过适当审核。

在备选方法中，即使在如此短的时间内作出货币框架最终决定会受到众多的责备，也应当使对价格水平稳定这个最终目标的不完美描述具有可操作性。

本来一种可能性（选项1）应是为一段时期内货币供应低平均增长确定路径（视作符合长期“大体稳定”的价格水平，尽管在几年内可能会有一定程度的起伏，也可能会出现短期浮动）（从白噪声和暂时不平衡中概括得出的。译者注：白噪声在计量经济学中的含义为零均值）。“价格水平的中间道路”将由平衡的力量所决定（如同其他全部商品一般均衡一样，这些力量会平衡货币供应和需求）。价格水平是在实现一般均衡过程中许多要解决的变量中的一个，就短期而言，可能会有相当程度的不平衡！

货币定标（即货币目标的确定）本应与设定长期（如当年和之前9年共10年的平均价格水平要比这之前的另外10年的平均价格水平高出0—10%）价格水平稳定的量化指引同时进行，从而监督这个最终目标真正有可能实现（或许计算中会采用最广泛的全部价格指数，并且根据历史，国内生产总值或个人消费支出平减指数等都会用于该计算中）。相对于长期稳定的目标，价格水平路径可能会出现偏离，这些标志会导致货币定标出现小小偏离——即要对有关膨胀率的规定作出修改。

如果缺乏货币需求本质方面的知识（技术上称作货币需求函数），在新货币联盟中监控实现长期价格水平稳定和当前货币稳定的迹象时将会遇到挑战。（长期价格水平稳定）目标会面临危险或货币不稳定正在形成等证据不断积累，这些积累出来的证据将在审核确定选定货币总量目标路径的规则时使用。此时就会出现要选择什么具体货币定义的关键问题，而这些可能性会出现从小到大不一的变化。

本书下文论证了按照对准备金要求的修改，定义中可能性最小的才是最好的（从而使准备金需求更加稳定——参见本书第5章第184—185页）。

实际上会为高能货币（流通的准备金和现金）设定目标——也

称作货币基数——而不为更广的总量设定目标。不过在 1998 年夏季那种糟糕的环境中，作为货币基数定标体系成功的关键，准备金要求的修改即使是理想的也不可行（只要英国对成为欧洲货币联盟创始会员国的选项持开放态度，英国就已经阻止了这个问题的所有讨论。但是 1998 年 5 月，英国最后决定不成为创始会员国）。

选项 1（使条约规定的价格稳定最终目标具有可操作性的方法）本来可以符合米尔顿 · 弗里德曼的观点（即使弗里德曼没有推荐将其著名的“年膨胀 ×%”的规则应用于货币基数，而是将其应用于更广泛的货币总量，他也不会对包括长期价格水平指南在内的提议变化感兴趣），他在《最优货币数量》（弗里德曼，2006）这本著名论文集中已经拒绝为支持货币供应目标设定价格水平目标（用技术术语表示就是货币供应是实现价格水平稳定长期目标的选定中间目标）。

如果设定货币供应目标的过程具有足够的灵活性，我们就会发现选项 1 本应该也符合奥地利经济学派的观点。

奥地利经济学派（参见哈耶克和萨勒诺，2008）认为，如果生产率增长或贸易条件发生很大变化，或者两者都发生很大变化，与货币稳定（包括可以作为可靠长期保值的货币）相符的价格水平在中短期内会出现很大起伏。此外，价格水平应随着商业周期的变化而浮动，大范围的价格在经济衰退期下滑到低点，在复苏阶段出现反弹。

原则上，这种价格景气循环的确是个主要的自动稳定器——在经济衰退时刺激财务状况良好的家庭和公司（利用暂时低价）进行消费和投资，并且鼓励他们在繁荣期推迟消费和支出（因为预计在下个衰退阶段价格会更低）。如果有强烈的价格水平预期，如长期年均增长 2%，那么价格良性循环浮动应该以经济衰退时低于长期平均价格增长率和早期复苏阶段，或是后来的繁荣阶段高于长期平均价格增长率来表示。价格水平增长速度的这些周期性变化不应被视为货币不平衡现象。上文已经提到了奥地利学院派的这些观点（参见本书第 5—6 页）。

奥地利经济学派（参见哈耶克和萨勒诺，2008；冯 · 米塞斯，

1971）认为货币管理的主导原则应是货币不应成为经济机器的“破坏因素”（源自约翰·斯图亚特·穆勒的说法，众所周知该说法被米尔顿·弗里德曼再次引用——参见弗里德曼，2006）。这表明（上文更早的指控已强调过——参见本书第5页）货币利率不应过于偏离中间水平或自然水平（受投资机会或储蓄偏好变化的影响，中间水平或自然水平会随时间的变化而产生浮动）。货币稳定是由没有变成破坏因素的货币来界定的。

奥地利经济学派的最大问题是中间水平或自然水平利率会随着时间的变化大幅波动，并且难以对其进行精确估计，这时实际政策制定者该如何阐释这个定义，并且应如何解读“过于偏离”呢？经济体陷入严重经济衰退时，理想的情况是资本主义经济体内的正常自我修复力量会为利率制定路径，利率在一段时期内会低于长期平衡时常见的中间水平或自然水平（我们会发现这种理想会与零利率边界产生冲突——参见本书第172页）。

著名的“泰勒规则”源自试图发现相对于自然水平或中间水平利率的理想途径，这种发现通过经济不平衡常见周期，而不必依赖市场启示，也无需利用经济计量黑箱子和最优控制理论来完成。但是在其他问题中，这个规则需要人们了解中间利率和经济衰退的准确程度，同时与所有经济计量假设一样有赖于评估的基本关系的稳定性。

奥地利经济学派的学者可能与其他学派的货币经济学家的观点一致，这些经济学家论证了未来最实际的方法是瞄准高能货币（指全部银行储备金和流通货币，同有时定义的货币基数是一样的），将尽可能多的空间留给市场，甚至由其决定短期利率水平。

欧洲央行的缔造者破坏了货币基数的支点作用

定标高能货币（货币基数）的一个关键论证是基于这样的信念，即假设有一个牢固的货币锚（这里是指高能货币增长目标），市场就会比货币官僚机构（央行）更好地将利率推向平衡路径（并且更好地发现自动指导过程中自然水平或中间水平这个至关重要的因素)。

同黄金本位体系下的情况一样，短期利率具有很高的浮动性。市场中银行储备金短暂不足和过剩会导致利率浮动。不过，短期利率的平均水平在几周或者数月内应该是很稳定的。无论如何，中长期收益利率的信息量才是最大的。

奥地利经济学派支持稍微自由偏离货币扩张规则，从而思考与总体平衡一致的实际货币（尤其是高能货币）需求的可能历史情况的新信息。而对规则的一些刻意谨慎超调或低调可能需要实现长期价格水平稳定，即使那意味着会出现某种程度的货币不稳定。

货币基数（高能货币）定标运作的关键首先是超额准备金（超过法定最低限度）的收益率和其他无风险资产收益率之差的自由浮动范围，以便平衡银行准备金的市场供需。其次，必须已设计一个体制结构，在这个结构内，货币基数需求可能是带有若干个关键可识别变量的稳定函数，尤其要包括实际收入。

央行准备金（和超额准备金）利率始终固定为零时（虽然在金融恐慌和严重经济衰退时会紧急下调至负利率水平——参见本书第172页)，第一个要求就可以满足。第二个要求可以通过为银行公众交易保证金设定高水平的准备金要求得以满足。

在设计货币框架时，欧洲央行放弃了货币基数定标的运作要求，或者政策制定中对货币基数任何支点作用的要求。而且欧洲央行的准备金利息支付计划在严重金融危机期间可能成为破坏稳定性的可怕力量，而实际上这种情况出现在2007—2008年(参见本书第90页)。

放弃高水平的准备金要求，部分原因是为了满足英国的反对意见（参见本书第9页)，同时也是根据当前的流行观点，即不通过面向其他备选资产，包括离岸存款，向本地银行销售的交易保证金征税来限制银行业的竞争力。

20世纪90年代中期，为缓解德国银行的竞争压力，特别是来自卢森堡的压力，德国央行大幅降低准备金要求。但是该行直至其不再涉足这个领域，仍继续将储备金支付利息固定为零。

这些对竞争力的关切，无疑是欧洲货币联盟运行系统的缔造者决定支持仅按照略低于官方回购利率的利差向在欧洲央行的存款支付利息的一个因素（虽然卢森堡加入欧洲货币联盟削弱了这个因素，并且这个因素因此要受到准备金要求的影响）。可是另一个更新的因素是要求加强新央行的权力，将短期利率控制在既定官方标准的严格限定范围之内。

伊辛教授拒绝了维也纳学派和芝加哥学派的建议

没有任何出版资料或任何其他渠道的证据表明，伊辛教授领导的货币政策框架秘密委员会（1998 年夏）曾经考虑过奥地利经济学派的论点。

“考虑”并不意味着全盘接受。委员会本可以提出重要且实际的保留意见，尤其鉴于欧洲货币联盟是个新生事物，而且公众对其能否成功避免通货膨胀表示怀疑，因此，应该有一个便于理解的衡量（本次成功的）目标。奥地利经济学派“浪漫的”货币稳定概念可能曾与这个目标不协调。

这种复杂的论点认为货币通胀不需要以商品和服务价格上涨的形式出现，而应以资产价格上涨的形式出现，或者商品和服务的价格上涨可能不是货币膨胀的征兆，因此，人们可以充分质疑持怀疑态度的公众对其是否有耐心。

原则上，伊辛教授领导的委员会本有可能将货币稳定概念和长期价格水平稳定目标一同考虑，即使这并未在欧洲货币联盟创建条约中明确规定。

就公众质疑而言，这种双重指令（长期稳定价格水平和货币稳定）是不现实的，因此创建新货币联盟可能会在货币不稳定方面付出相当大的代价。

忽略奥地利经济学派中关于货币稳定这样一个重要的概念，而这种概念在随后出现的全球信贷泡沫及其破灭中起着关键的作用。

欧元启动前的几个月很关键，在这段时间里依据欧洲央行为自己制定的保密条款，该行从未泄露过其政策制定者——包括制定者选定的顾问——之间主要讨论的任何文本或其他文件资料。或许这些官员如果早知道全部证据包括讨论文本，都将出版的话，他们对这个关键问题的商讨就会更全面、更高效。

欧洲央行首席经济学家和创始委员会成员奥托马·伊辛教授写道（参见伊辛，2008），他的确在其研究团队内部讨论过最终会制造信贷以及资产泡沫的严重货币不平衡和遵循价格水平稳定（通过如两年期内目标平均通货膨胀率保持在较低水平来界定）可能并存的问题。

弗里德曼曾经提议，确定货币供应目标时不为价格水平设定明确中短期数字目标。也有（来自伊辛教授的）一些自传资料表明，伊辛曾经对类似弗里德曼这种提议的问题作出过短暂非正式的审核。

不过 1998 年夏季和初秋这段时期内的讨论没有在货币框架的设计特点中有所体现（后来的确有被称作“货币支柱”的草案，但这也仅仅是原架构草图中的一个模糊章节而已——参见下文）。

第二个使条约中价格水平稳定的规定具有可操作性的方法就是政策选项 2（政策选项 1 介绍，参见本书第 8—9 页）。政策选项 2 是让欧洲央行拒绝对长期价格参数给出最终目标的定义（如选项 1）。相反，欧洲央行应为总体消费者物价指数（CPI）规定一个中期需要的（如两年）路径，将其称作平均年变化率。在以芝加哥和维也纳的观点为基础的讨论过的众多理论问题中有这样一个实际的问题，即欧盟统计办公室设计的所谓消费者物价调和指数（HICP）完全不包括曾经估计保持不变的房屋价格或租金，而随后的重估已证明这是错误的。

在寻求实现价格水平两年路径时，欧洲央行可在选定的货币供应总量内设定一个增长目标（选项 2a），并根据货币和通货膨胀之间关系的任何新的严肃证据对目标进行调整。央行实现货币目标的工具或者是为严格固定（可调整）主要货币利率（如隔夜利率），或者是为所谓的高能货币（准备金和现金）增长设定一个二级目标，同时允许隔夜利率和其他短期利率的利差受货币市场情况影响在大范围内浮动。

或者欧洲央行（在追求价格水平两年路径时）也可不设定货币目标（选项 2b），而是依靠基于一系列监控全部变量的经济计量工具所做的通货膨胀预告，而其中一个受监控的变量可以是货币供应。在这种情况下，欧洲央行将反复调整短期利率标准，从而（有望）为这些利率制定实现最终价格目标的（两年期）路径。

固定利率是经济环境良好时所采用的操作策略。如果在金融危机期间继续执行固定利率，就会加快不稳定恶性循环的出现（参见本书第 89—91 页）。

选项 2b 的一种变体（不妨称作 2ba）在这些受控变量中使货币供应享有一个特殊地位，并且如果在给定规定间隔内预计货币供应增长偏离规定范围就会发出警报。原则上，即使监控人员断定不存在“中期”内（实际上是两年内）错过价格水平目标这种危险，也不能关闭警报，除非他们相信目前没有其他危险（例如长期通货膨胀或信贷市场泡沫）。

对警报作出的反应包括修改官方利率（通常针对货币市场短期债券作出规定），在选项 2b 的各种版本中，按照政策制定者对短期货币市场利率变化如何影响实际通货膨胀收入的理解酌情确定官方利率。

货币支柱的幻想

欧洲央行政策委员会于 1998 年 10 月批准了伊辛委员会的提议，宣布了“政策委员会以稳定为主导的货币政策战略要素”。

实际上，政策委员会已决定支持上文提到的选项 2ba。委员会规定了“中期”欧元区 HICP 涨幅的价格水平目标（随后实践表明中期约是两年），声称每年的涨幅不得超过 2%。

没有迹象表明政策委员会已认识到选项 2ba 中的固定利率在金融危机中将不得不暂停执行或以非正常方式执行（参见本书第 90 页）。

直到 2003 年春，尚不确定欧洲央行应如何应对远低于年利息 2%的通货膨胀结果，但早期的政策利率决议间接地填补了这一空白（参见本书第20页）。

欧洲央行委员会在作出价格水平定义，包括数字参考值的决策时，辜负了货币联盟缔造者对他们的信任（缔造者以押注的方式错误地将关乎人民未来经济福祉的重要事务交给了少数几个央行行长，可他们的讨论却完全是秘密随意的，没有按照公开的程序在较长时间内要求更广泛的决策制定者参与讨论，并在这段时间内实施架构方案）。

由欧洲央行所宣布的基于监控货币供应而适应的报警系统在很大程度上是一种幻想。该系统对超过规定的两年以上价格稳定的长期参考框架中的危险将会非常敏感。尤其没有对导致严重经济不平衡和相关浪费的信贷和资产市场热度变化这样一种危险给出认真界定。

该政策框架决议将实现货币稳定置于极高的风险之下。严重的货币不平衡给实体经济带来很多破坏性结果，这种不平衡可能是过分追求规定价格水平目标所造成的。

欧洲央行委员会（从已知的资料来看）似乎对（曾被奥地利学派作为例证的）可能性特别自负，即：积极生产率变化和中期（如两年）价格水平路径定标可导致信贷泡沫或消极贸易条件影响（尤其是石油价格的一次大幅波动），类似的中期（如两年）价格水平路径定标可引发萧条。

在第一个十年内，是欧洲央行导致了这两种货币不稳定例证的出现。

证据显示欧洲央行没有意识到价格水平良性景气循环变化的可能性（参见本书第10页）。最终，欧洲央行认为出现虚幻通货膨胀威胁的可能性已变得很低（如1999年和2003年）。

无处躲避“英语国家”货币波动的冲击

有许多央行同欧洲央行一样沿用准通货膨胀定标体系（“准”这个词用来承认欧洲央行政策框架的正式描述，包括一个“货币支柱”，即使这从未成为任何详细方案中的一部分而广为人知）。

美联储和英格兰银行也在犯极为相似的错误，而这种错误不能作为失败的借口。

作为一个新机构，欧洲央行的理念是为优秀货币设定高标准，完成使新货币联盟免受“英语国家货币波动”（法语作家使用“盎格鲁－撒克逊”这个术语表示“英语国家”）影响的使命。在这点上，欧洲央行理应比它的同行做得更好。

毕竟英格兰银行在（20世纪70年代）10年大通货膨胀期间（在货币政策方面）表现得最差（因为那时的英格兰银行还未彻底独立于政府之外），因此在“通货膨胀定标”所引发的世界货币政策崩溃期间，该行（在引发信贷泡沫及其破裂方面）的表现并非因最糟糕而载入史册。

伊辛教授曾经声明他的秘密商讨委员会不会采用英格兰银行所追求的支持严格通货膨胀定标的货币框架。在作出这个声明（参见伊辛，2008）时，他的确对自己所在的委员会表示有些不安。关于秘密委员会的工作，伊辛评论写道：

> “著名的专家来拜访我们，他们既有学术背景，又有央行从业经验，这对我们（委员会）具有独特的价值。例如：我们能够和其中一个支持通货膨胀定标的专家——英格兰银行行长默文·金教授探讨所有关于通货膨胀定标的问题。通货膨胀定标非常有望成为央行政策制定的‘先进手段’”。还会有比向这些（已采纳通货膨胀定标的）央行学习和接受著名经济学家的督促更明显的吗？有充分的理由说明当时欧洲央行为何走上了另一条不同的道路。

伊辛教授提到英国和新西兰，但是出于政治原因没有谈及美联储的准通货膨胀定标。不管怎样，就在四年后的2002年，美国总统布什任命支持通货膨胀定标的著名学者伯南克教授为美国联邦储备委员会理事。可是，具有讽刺意味的是现实与初衷并不一致！

从历史角度来看，即使欧洲央行高级官员知道（缺陷明显的）流行观点的一些谬误（尽管不是像奥地利经济学派那样彻底反驳！），但是作为主要欧洲货币管理部门——德国央行的继承者，欧洲央行却以实际行动（不过并非完全通过声明）支持这一流行观点。最初几年对欧洲央行首席政策架构师伊辛教授所在的机构远离大众的抗议在很大程度上毫无意义。

欧洲央行在21世纪初期货币疯狂时的表现与德国央行在（20世纪70年代）大通胀期间的历史最好表现是如此悬殊（在此期间，德国央行与当时流行的货币政策的观念持有截然不同的看法）！如果原德国央行（在向科尔总理要求按计划达到欧洲货币联盟目标的命令屈服前）在没有欧洲货币联盟负担的情况下，按照与事实相反的方式操作的话，它的表现会逊于历史表现吗（下文对这种与事实相反的情况进行了连续阐述——参见本书第130页）？

很早之前，米尔顿·弗里德曼就曾警告按两年期（或任何其他中短期）指定价格水平结果设定货币政策目标将会降低央行的问责性（参见弗里德曼，1966）。假定白噪音和非货币因素不在央行的控制范围之内，中短期测量的通货膨胀率会受到潜在的影响，那么这种时期的结果可能部分是由央行政策所造成的。因此，可以为没有实现目标找到各种各样的合理借口。不过，央行行长应对他们拥有更大掌控权力的事务负责——如货币供应路径（并且要对货币基数控制完全负责）。

实际上，在第一个十年，欧洲央行在实现其指定的中期价格水平目标方面做得相当成功，平均通货膨胀率仅仅是每年略高于2%。因此在过多的借口中，米尔顿·弗里德曼缺少职责的告诫事实上在那段时期并不具有相关性。若欧洲央行（价格调整不足）错过了价格目标，并且其官员已发现为什么这应作为好消息公之于众的话，情况本来可以好得多！

的确在实践中，奥地利学派的观点比弗里德曼对职责的关切更具有相关性。奥地利学派认为即使按照自己的标准是成功的，价格水平定标尤其是中短期的价格水平也可以与严重货币不平衡同时存在（这种情况的一种主要表现是：一方面是资产和信贷泡沫，另一方面却是严重的经济紧缩）。奥地利学派同意设定长期价格水平目标（正如1914年前国际金本位体系下产生的那种情况一样），但是奥地利学派的“长期”概念却远远超出伊辛教授领导的秘密委员会的中期概念，甚至也远超出欧洲央行政策制定者实际执行的中期概念。

奥地利学派的观点引发了下文的进一步指控。

不完善的货币框架导致了三个重大政策失误

中期平均年通货膨胀率（以HICP衡量的）不超过2%，在为价格稳定下定义时，选择中期平均年通货膨胀率（实际上尽管在官方出版物和演讲中有许多文本提到更长的期间，但是在第一个十年，欧洲货币联盟的政策制定与两年期的中期通货膨胀率是完全相符的）——2003年春季又通过进一步“澄清”补充说明过低通货膨胀，即略低于每年2%的微小利差将会与货币政策背道而驰时——欧洲央行极大地引发了未来严重货币不平衡的可能性（在对严重货币不平衡的定义中包括了资产和信贷市场的热度升高等征兆）。

商业周期中经济衰退阶段可能会足足持续两年。的确，允许“良性”价格水平波动仅与这样的周期相关，那么为测量目的设定的两年期周期这个概念就是非常荒谬的。

实际上，欧洲央行委员会沿用了后来被证明具有灾难性的美国和英国的货币政策（虽然美联储主要因顾忌国会可能将通货膨胀定标作为加强对美联储政策决策控制的杠杆而未采纳明确的通货膨胀定标策略）。欧洲央行官员假称他们自己的政策框架和美联储的政策框架之间的微小差异，不仅是技术和文字表述上的不同，而且认为其对货币预警系统的长期要素具有操作能力，可他们至多不过是自欺欺人而已。

正如我们所看到的，作为一个语义问题，欧洲央行在最初就否认他们在沿用通货膨胀定标策略。在后来沟通修订框架时，欧洲央行强调其政策决定的基础是两个支柱（第一个是根据欧洲央行员工的最佳经济计量工作而作出的中期通货膨胀预告，第二个是考虑到长期框架的货币供应，包括远超过两年期的可能启示），并且正因为如此，才使欧洲央行从其他一些央行中脱颖而出，而这些央行在类似的时期内（两年内）瞄准一个低通货膨胀率目标，而没有对货币供应增长执行任何单独的复查。

不过至关重要的是，与采用全部通货膨胀定标策略的央行一样，欧洲央行为短期价格水平制定了所需的稳定平均增长率的精确公式（到底是英格兰银行的两年期，还是欧洲央行的“中期”，这主要是语义上的问题而已），而没有承认其与长期价格水平稳定相一致，价格水平增长率应在中短期内有相当程度的波动。的确，那种情况曾出现在国际金本位体系之中——偶尔会有超出常规的年份，价格水平增长率达到 5% 或更高，正如英国在布尔战争时期，而且价格水平虽长期起伏但在极长的时期内又是保持稳定的。

无疑，一些欧洲央行官员，包括著名的奥托马·伊辛教授觉察到了追求中短期价格水平目标的危险，同时也发现在任何商品和服务价格通货膨胀可能出现之前，货币不平衡的确就以资产价格通货膨胀和信贷市场过热等形式出现（而如果这个泡沫首先破裂的话，商品和服务价格通货膨胀就永远不会出现）。然而，现实是欧洲央行政策制定者（包括伊辛教授）并未对这些风险有足够的敏感。

欧洲货币联盟这个新世界中货币指标的不稳定性使政策制定者（在制定政策时）失去了（信贷和资产泡沫的）线索。这种不可靠性是导致未能确定货币监控的长期标准的一个因素。

在欧洲货币联盟成立的第一个十年里，发生过三次货币失衡——第一次从 1998 年第四季度延续到 1999 年（参见本书第 51 页），第二次从 2003 年到 2005 年 6 月（参见本书第 57 页），而第三次是从 2007 年下半年到 2008 年第三季度（参见本书第 91 页）——这三次货币失衡是欧洲央行采纳每年 2% 的通货膨胀率目标所引发的（官方称作中期价格水平路径）。

每次失衡都以不同的方式表现得非常严重，随着第三次失衡的出现，开始出现 20 世纪 30 年代以来欧洲乃至全球金融史上最严重的货币政策失误。

1998—1999年期间的货币政策错误

在欧洲货币联盟启动之初，其就以极度令人不安的方式立即对中期价格水平每年上涨2%（或略低一点）的官方目标作出某种程度的实际澄清。欧洲央行运行初期，欧元区通货膨胀率下滑至每年1%。如果想使货币失衡最小化，欧洲央行本来可以更好地将围绕这个水平首先将实现持续价格增长作为目标，而不是立刻试图推高通货膨胀水平。如果中期指的是将近五年而不是两年，那么此刻就无需为通货膨胀率略低于每年2%而烦恼！

毕竟，信息技术革命正飞速发展，石油价格低水平已保持了20年，随着东欧和中国廉价进口的激增，贸易条件也迅速改善，因此按照奥地利经济学派的观点，将通货膨胀率推高至每年2%的政策显然是一种疯狂的扩张政策（甚至在信息技术革命时期，欧洲央行官员仍然对欧元区劳动生产率持悲观观点，这或许是因为欧洲各国可用数据几乎完全低估了欧元区生产率当前的增长水平。这些数据普遍没有包括与技术革新有关的质量改进，即高估了以标准化质量衡量的基本通货膨胀率）。

此外，一个普遍观点认为即使是在货币体系内，价格水平也应按照景气循环的方式运行，这种货币体系规定了长期绝对价格水平稳定的目标。1998年是欧元区陷入经济衰退或几乎陷入经济衰退的一年。

在经济繁荣时期，高度周期性行业的制造商（尤其是汽车业）应追求高利润，以部分弥补他们在商业萧条时所遭受的损失。的确，在健康运行的市场经济中，高度周期性行业的公司倾向于在其资本结构中追求相对较低的债务和较高的股权，从而抵御经济衰退时期的破产风险。基于繁荣期极高利润的基本前提，周期性行业吸引了有活力的资金，而这种资金实际上确保了劳动和债券持有人能够抵御经济衰退——即抵御收入和资本的损失。在经济衰退期间，高度周期性行业的价格下滑至正常水平之下会刺激财务健康的公司和家庭利用比经济复苏时更低的价格作出反周期的支出或消费。

欧洲央行不应将1998年通货膨胀水平每年不到2%理解为银根异常松动的理由。价格良性周期浮动本身能够解释低于长期平均增长率的价格增长的账面利率下滑现象，而长期平均增长率旨在稳定通货膨胀预期。那时的欧洲央行货币决策暗示，新制定的货币政策框架的确有不足之处。

有资料（参见本书第二章第51页）表明欧洲央行在1999年初就担心通货膨胀已经下滑至较低的危险区间，危险就是指如果下次经济衰退（普遍预期的1999—2000年周期性复苏之后）将会很严重的话（无风险通货膨胀率下滑至零），央行很快就会发现传统的货币政策已经达到了自身极限，而无法提供任何刺激手段。

假如欧洲央行确实特别关注这个水平，那么这里有两种大胆的解决方案。第一种就是在（商业周期的）下个复苏期和扩张阶段，设定相当高的通货膨胀率（如每年4%—5%）。如果成功，就可在随后的严重衰退期实现极低的负无风险利率，即使按照传统货币政策，货币市场利率（甚至无风险利率）也不会下滑至零之下。

这个选项在第二章和第五章进行了深入讨论（追求稳定水平通货膨胀，如每年4%—5%的）。可是该选项是否适用于欧洲货币联盟的环境却遭到高度质疑（参见本书第52—53页）。实际上，仅仅一个周期性复苏就达到这种通货膨胀水平，这当然是不大可能的，还有拒绝这个选项的其他理由。

这其中已经暗示了一个理由。被货币政策制定者作为参考基准的长期平均通胀率越高，众多价格短暂衰退期内的复苏机制就会越虚弱，同时他们还期望这些价格会在经济复苏时出现反弹（而这种期望解释了当周期敏感价格处于最低水平时，财务实力强大的公司和家庭支出的合理性——参见本书第10页）。不过并没有证据显示欧洲央行有人注意到这种机制，更不要说相信该机制能在使经济摆脱1998年经济衰退或准衰退中起到一定的作用。

（假设欧洲央行在面对严重经济衰退时货币政策失灵的危险时）另一个大胆的选项是起草一个紧急应急方案，并且假设下次经济衰退非常严重，同时应做到方案已经制定好并随时可用。该方案应允许无风险利率下滑至极低的负利率水平（无论是名义上的还是实际上的），并且仍然符合实现长期极低通胀率或绝对价格水平稳定的目标（参见本书第 172 页的详细讨论）。

没有应急方案，也就没有魄力

欧洲央行没有针对严重经济衰退或金融危机制定任何紧急应急方案。相反，在起初制定货币政策时（1998 年末和 1999 年初），该行通过将当时的（与“中期”价格水平目标相对的）“低通胀”稍稍提高一些来确保官僚体制的安全。

然而，通胀率保持在每年 2% 而非 1% 造成的差异很小，实际无风险利率能够下滑至零以下的水平。只要零利率障碍仍然实实在在地存在，那么严重经济衰退或危机期间无风险利率要走的路径就仍然被高高地束缚在理想水平之上。而且，更高一些的通胀会妨碍关键景气价格水平机制的运行（经济衰退时价格下滑，经济衰退过后价格反弹的预期），该机制在实现随后的经济复苏方面起着非常重要的作用（一般来说，较多的价格大幅下滑意味着较少的支出反馈）。

考虑到这些和通膨率从每年 1% 上升到 2% 一同出现的问题（不稳定），幸好欧洲央行没有将通胀提高到那个特殊水平（2% 以上的通胀目标）！

货币政策失误导致 1999—2000 年的欧元危机

欧洲央行 1999 年含蓄地决定将通货膨胀（欧元区当时的 CPI 涨幅是每年约 1%）推高到 2%（尽管在任何方向都没有出现任何严重的经济失衡，却将货币利率大幅降低至中间水平之下），这导致欧元急剧过度下滑，并且令人不安的是造成了随后的通货膨胀上涨（超过了目标水平），而这又拖累了 21 世纪初的欧元区经济复苏。

1999—2000 年欧元急剧下滑期间，许多问题使欧洲央行政策制定者既疲惫不堪又气恼不已。甚至欧洲央行行长德伊森贝赫被冠以欧元先生的头衔，像堂吉诃德一样四处开火。但是没有证据表明欧洲央行哪怕是部分地认识到了他们应该为执行带来不稳定的货币政策承担主要责任（推高欧元区经济的通货膨胀水平）。

欧元还是一种全新货币时，考虑到其潜在的不足之处，焦急的投资者可能认为欧元早期的不足仅表明对欧元保值功能的基本需求还很微弱。因此欧洲央行的一个货币政策失误引发了（欧元）最初的下滑，这个失误可能是导致新货币信心危机的原因（而这种信心危机已经出现）。

欧洲央行相信占星术（可疑数据下的计量经济学）

另外，大约在这个时期（1999–2000 年）一些国家的房地产市场的确开始转暖（欧洲货币联盟初期多出现在荷兰，但是别的国家也有转暖现象）。尽管多数情况是从较低热度，甚或从萧条（例如法国）中转暖。不管怎样，欧洲央行选定为某个特别简单的价格水平定义（欧元区 CPI）的变化定标时，几乎都未包括住房价格（不管是资本方面还是租金方面），这就使它进一步远离住房市场的发展。

欧洲央行政策制定者虽然认识到欧元区 CPI 的定义问题（以及定义为何没有考虑居住租用成本的增加，而居住租用成本是商品和服务总体价格水平的重要组成部分），但是在随后几年并未对其作出进一步的修改。

的确有关于这个问题的论文、演讲和工作组（包括国家统计部门的代表），但是位于法兰克福的欧洲央行并没有给出明确有力的指导从而推动问题的解决！法兰克福的货币官僚机构在制定政策时屡次失误（2007—2008 年期间最严重，参见本书第 20—21 页）。在强调经济研究理事会构建的“优质高能经济计量模型”的结果时，他缺少大局观（显然似乎央行的政策制定会议，包括法兰克福的官员对此准备不足）而且优柔寡断，反而采用明显低质量的（欧元区劳动生产率和 CPI）统计数据。

2003—2005年的货币政策失误

2003年春季，欧洲央行担心消费者物价调和指数（HICP）同比增长可能不久就会大幅下滑至2%之下，这种担心是其第二个“引发通货膨胀”的错误。可是那时对总体货币平衡的考虑表明已知价格水平增长应该已经远低于2%，并且这种下滑仍然与长期（不是欧洲央行官方那种令人误解的“中期”说法）“价格水平稳定”相符，即使这被定义为一个路径，即平均价格水平，比如10年，比之前一个10年的平均价格水平高出大约20%–25%（相当于每年2%的平均价格水平）。

欧洲央行官员确实对生产率增长长期增加的假设仍然有疑问（这种假设是奥地利经济学派观点的基础，他们认为几年的价格水平增长应明显低于任何长期价格水平增长目标），但（除德国外）没有统计表明这一点。这些官员没有信心承认统计数据是骗人的——即使众所周知，构成欧元区CPI（HICP）的许多国家的价格指数都没有考虑到商品和服务质量的改进（用专业术语表示就是与美国相比，欧洲对价格水平特征的估计仍然是不够成熟的）。21世纪的第一个十年之初，短暂的食品和能源价格动荡使这些官员对任何贸易条件的改善都产生了怀疑。

然而，大的背景仍然是信息技术革命方兴未艾，从东亚或东欧，及其他新兴市场经济体出口的商品更加廉价。而那时出版的欧洲央行的分析之中却根本不见价格水平良性周期浮动（或者为此低于实现长期平均目标的价格水平增长率）这个观点的踪影。不过鉴于欧元区经济体从2001—2003年经济衰退中出现的经济反弹，自2003年以来，关于通货膨胀下滑的周期论证正在消失。

欧洲央行在2003年春季重新确认并严格规定了（未来两年期）每年2%的明确通货膨胀目标，这恰好与美国戏剧性的货币政策消息同时出现。

在本·伯南克教授（2002年被任命为美联储理事）的专门推动下，美联储决定支持“再次将通货膨胀引入美国经济之中”的政策，以免通货膨胀下滑过多（滑向每年为零而不是非官方的每年 2% 的目标水平）。这是美国货币史上美联储首次将货币政策转向推高通货膨胀率（在通货膨胀已经为正的情况下）。

在 2009 年 5 月出版的政策讨论文稿中可以发现本 · 伯南克在推动这项政策实施中的关键作用。伯南克教授的“日本的通货紧缩瘫痪”给人留下了尤其深刻的印象，他显然没有意识到后来神原英资教授所强调的日本在 20 世纪 90 年代根本就没有遭受货币紧缩影响（被定义为价格水平受货币不平衡驱动而下滑）的可能性（参见本书第 58 页）。对“失去的十年”及十年之后下滑的日本价格水平的另一种货币紧缩解释包括两方面，首先是在经济衰退时期价格良性周期性下滑，其次是中日经济迅速整合和信息技术革命导致的相当程度的紧缩。

注定要修改 2003 年欧洲央行货币框架

2003 年春，欧洲央行的公告（实际是澄清欧洲央行想要预先阻止以两年期衡量的价格水平路径显著下滑至 2% 以下，并且对此要保持警醒，防止涨幅超过这个水平）较之美联储得到的媒体关注较少（不过仍然有很多关注）。至少，这可以部分理解为，因为欧元区 CPI 增长率很接近价格水平目标（虽然基本期限内德国价格水平实际上是稳定的——见下文）。因此，与华盛顿比较，法兰克福的政策转变不太显著（如果美国货币政策像欧元区一样保持中立，那就不是预先阻止通货膨胀可能进一步下降的问题，而是将价格水平从大约每年 1% 的涨幅进一步推高，因为每年 1% 的价格增长率已被认为过低）。

实际上，欧洲央行在 2003 年春季重申，这会对提高后的生产率增长、改善的贸易条件和商业周期性衰退产生的平衡力造成不利影响，而平衡力的这些来源促使价格水平增长率下滑至 2% 以下（如果市场增长率沿着一条更接近中间水平的路径而不是被货币市场当前和预期的未来固定利率推到更低的水平的话，这种下滑本来会出现）。不过，这仍然是一个信息革命如火如荼的时期，即使其效果未被欧洲统计部门记录下来。

因此，欧洲央行在2003年春天再次修改货币政策框架（正如上文所描述的1998年开放式构想）时，没有另辟蹊径，采取与大西洋另一侧的美国（以及英吉利海峡那一侧的英国）有缺陷的政策所不同的做法。

2003年避免通货膨胀率显著低于每年2%的决定，是产生信贷和房地产泡沫的一个关键因素。

2003年的决定是在德国基本价格水平（不包括公共产品和服务的价格）基于某些标准已经出现小幅下滑的情况下作出的。以德国财政部前高级官员霍斯特·克勒和国际货币基金组织经济顾问肯尼斯·罗格夫为首的国际货币基金组织发出了德国经济现状不妙的警告。

德国经济前景的一片黯淡与整个欧元区货币政策失误的巧合，构成了支持本文下一个观点（众多证据中）的证据之一。

欧洲央行为德国而非欧元区制定政策

在欧洲央行货币政策制定的几个关键时刻，以德国为中心的因素大大地（远超出德国经济在整个欧元区经济中的权重）影响了政策的制定。

蒙代尔教授嘲讽道，尽管有对欧洲政治正确性的异议，但是在货币联盟内，政策是为那些最大的成员（例如澳大利亚的新南威尔士、加拿大的安大略）制定的，这同样适用于欧元区。随后的章节将进一步审核证据，并分三个关键期支持这个指控。

（三个时期中的）第一个时期是欧元创建前夕和欧元创建的第一年（1998—1999年），在这个时期决定执行宽松货币政策的影响因素是德国经济表现欠佳，尽管欧元区通货膨胀率水平保持在良好的低水平，而且经济扩张总体稳定。德国经济表现欠佳的一部分原因是在经历了统一欧洲货币所带来的繁荣（泡沫）之后建筑业持续下滑，另一部分原因是欧洲货币体系内德国马克反复上调，这远无法用差别通货膨胀来解释。

第二个时期包括已经介绍过的2003年春天货币体系重构以及接下来三年左右的时间里，不顾西班牙、法国、意大利和几个小型经济体的房地产和信贷市场投资热度增长这一货币失衡症状，继续坚持过度刺激（非中间）的货币政策。

这些事件发生时，德国建筑业仍然不景气，房地产市场也不够火热。从商业周期的视角来看，较之其他欧元区国家，德国正处于一个相对不景气的阶段。由于生产向有着廉价劳动力的东欧国家（这里多数国家不久便加入欧盟）转移，德国国内对商业投资仍然呈总体弱势表示担心。测量到的德国通货膨胀水平在欧元区各国中最低。事后来看，德国银行严重地卷入了不断升温的全球信贷市场，但是这未被任何市场监控设备或官方监控设备记录下来。

第三个时期是在2007年夏天第一次大的信贷“地震”之后，并且几乎持续到2008年全年（可能只有最后几个星期除外）。在此期间，德国经济环境给欧元政策制定施加了过多的影响（德国央行行长，埃克赛尔·韦伯教授和欧洲央行的首席经济学家德国央行前行长于尔根·斯塔克教授等都非常有影响力）。那时德国央行（和主要预测机构）似乎认为，尽管欧元区（及以外）地区经济发展速度大幅减缓，德国经济仍处在强劲的增长阶段。

2008年第一季度同步经济指标（这些指标一定程度上滞后于现实！）显示在向俄罗斯、东欧、中东，尤其是向中国出口的推动下，德国经济处在繁荣之中（之后发生的事件和数据表明，2008年春天，德国央行的银行家们对德国整体经营状况不佳的了解非常迟缓。他们担心石油价格泡沫会蔓延至工资成本上涨——这是德国央行的银行家们的一个长久担忧——可最终证明这只是幻想而已）。

实际上德国央行的银行家、曾经的德国央行银行家及其在欧洲央行的盟友所更加普遍地觉察到的就是这种情况。因为从以德国为中心的视角来看，最佳货币路径并非总是如《时代》周刊所揭示的那样！这也特别适用于欧洲央行未能认识到欧元区自2003年以来不断加剧的信贷泡沫、迅速扩张的银行间市场中的独特角色以及德国银行正逐渐暴露在风险之中的事实，尽管德国房地产市场仍然不见起色或者很萧条。

德国的储蓄盈余使初期的欧元信贷市场陷入困境

由欧洲央行甚或更加狭隘地由德国央行银行家、曾经的德国央行银行家以及曾经和他们一起制定政策的盟友们来承担源自欧洲（美国也是重要的根源）的全球信贷泡沫的全部责任，这是不正确的。部分责任可归咎于欧洲货币联盟自身固有的缺陷。

德国于1999年加入欧洲货币联盟，这将为考验央行行长、银行家和金融市场三方创造条件。那时德国储蓄盈余开始上涨（这是建筑业持续下滑、制造业生产向拥有廉价劳动力且新开放的东欧各国转移的必然结果），同时大国（特别是西班牙）建筑市场即将繁荣，储蓄不足也在扩大（家庭抓住低利率替代高利率的历史机遇，而这个历史机遇和比塞塔、里拉以及近期的法郎不无关系）。可是三方在考验中都败下阵来。

一个适用于所有国家的货币政策意味着这些国家的物价水平将会以最快的速度攀升，现在这些国家正处于建筑业繁荣的波动时期，储蓄不足也正在扩大。物价水平的上涨将在主要国家（如德国）以极低的速度（如果仍为正数）向相反的方向（储蓄盈余上涨）发展。相应地，建筑业蓬勃发展和储蓄不足正在扩大的那些经济体的实际利率（参照相关国家价格水平预期衡量）显著下降到负利率水平。西班牙和其他储蓄不足的经济体的实际利率下降本身就是导致总体失衡的一个重要根源。

实际上，货币联盟的形成本身就预先设定了会加大德国和其他国家之间的储蓄盈余和赤字的潜在差异。如果没有联盟，德国比其他国家更低的利率水平，再加上德国货币和那些储蓄严重不足的欧洲国家的货币之间的汇率风险，会使储蓄盈余和储蓄不足（平衡地）保持在更严格的限定范围内。

那些更严格的限制并不一定就是一件“好事”。就新古典经济模型而言，资本流动过程障碍（包括汇率风险）的消除，有利于更加有效地分配联盟成员国间的资源。稀缺资本会更大规模地流向最大的投资机遇（另一方面，牺牲货币独立性所带来的损失可能会超过这些利益）。

事实上，德国储蓄盈余流入储蓄不足国家（目前西班牙是最大的流入国家）这种循环形式出现的同时也伴随着不断增长的潜在信贷问题。

那些为积极转移资本的中介机构提供贷款的人（也包括存款人），或者这些中介机构中的股权投资者充分注意到可能存在的（储蓄不足国家的借款人债务偿还能力相关的）信贷风险了吗？中介公司的收费足以使他们承担信贷风险并使自己安全地面对风险吗？欧洲央行或欧洲货币联盟内的任何其他责任当局——他们应该有足够的警觉性来监控潜在故障，特别是欧元区信贷市场过热——与这个再循环过程有关吗？

资本转移的一个重要因素是德国银行将盈余资金（存款超过贷款盈余）借给西班牙银行系统——有时以抵押为基础（通过购买所谓担保债券，德国金融机构贷给西班牙银行的贷款由西班牙房地产按揭贷款组合提供担保）。

随后始于 2007 年夏天的信贷危机的种种事件显示，银行和银行的投资人或给银行提供贷款的人低估了银行欧元区或欧元区以外的欧盟国家之间“银行间贷款”的风险（后一种情况与货币联盟内储蓄盈余国家和储蓄不足国家加入联盟直接引发的资本转移问题毫无关系）。后一种情况中最大的国家是英国。

根据欧洲央行货币市场业务流程的复杂规定，新央行的抵押贷款业务扩展至非欧元区银行在欧元区的子公司，即使不是货币联盟成员（目前英国是最大的一个例证），其中抵押担保也可以采取合格资产形式。因此，在法国（或其他欧元区国家）的英国银行子公司可以提供以在欧洲央行打折的英国住房抵押贷款为基础的资产担保票据组合。

英国银行在急速增长的欧元货币市场中成为重头借款人，为英国房地产和信贷泡沫融资。通过英镑欧元货币互换，他们采取了货币套利交易的方式（针对欧元现货买入英镑，又针对欧元期货卖出英镑）。

期货市场中（来自英国银行）英镑的最终买家听上去很合理的是针对高息货币（这种情况下是英镑）做空日元（有时是瑞士法郎）的套利交易者，从而获取两种货币之间的巨大利差。在现货市场，英镑的对等销售很大程度上脱离了英国庞大的贸易赤字。

尽管市场热度升高，却没有对货币失衡作出诊断

没有任何形式的来自欧洲央行的声明（包括董事会成员的演讲）可以证明，有官员意识到欧元信贷市场的热度正在迅速攀升，并且有可能出现泡沫或泡沫破裂。

也没有任何证据表明欧洲央行正在监控发生在德国和建筑业繁荣发展（及房地产繁荣发展）的国家（包括英国通过介绍的各种渠道）之间的巨大储蓄差异所造成的异常信贷危机。

当然，欧洲央行官员可以声称货币政策制定者没有义务事先发现价格泡沫，而仅仅是做些善后处理的事情。这毕竟是美联储主席艾伦·格林斯潘及其继任者本·伯南克所信奉的所谓的布林德学说。

欧洲央行本应比美联储做得更出色。

鉴于扩大后的货币区具有新的自由，可以免受外部影响，欧洲货币联盟的一个目标就是要以一种优越的方式执行货币政策（比联盟成立前可能的方式更优越）。可是并未出现设计完美且行之有效的独立欧洲货币学说。

相反，欧洲央行实际上主要复制了存在缺陷的美国货币控制框架。某种程度上，面对越来越明显的以信贷和资本市场热度上升的形式出现的严重货币不稳症状，这种框架并没有作出反应。

和美联储所拥有的一些权力（尽管非常不明智，也从未在现代使用过）相比，欧洲央行没有权力通过提高保证金要求或最小贷款与价值比率来直接为信贷市场降温。（比草率控制行动）更重要的是，

尽管总体通胀率仍以每年低于 2% 的速度运行，考虑到越来越热的信贷市场，欧洲央行本来可以执行更加紧缩的货币政策，欧洲央行执行委员会成员本来可以发表演讲强调局势的危险性，并告诫私人资本市场要更理智地判断银行股票和债务的价值，或者他们可以建议国家央行提高风险房地产贷款的保证金要求。

可是没有人这样做。一个原因就是我们所说的欧元民族主义（第 33 页有介绍）和欧元幸福感。

欧洲央行官员错误地认为许多信贷市场升温的症状表明欧元确实是国际货币，并且欧元金融市场整合是成功的。这种误判并不仅限于欧洲央行。

资本市场尤其是股票市场，（以股价的形式回报并）支持银行迅速扩张。银行认为他们正勇敢地抓住欧元主导的金融一体化这个的新世纪机遇，而没有意识到正在出现的隐藏杠杆、日益加剧的风险以及价格过低的信贷现状。

欧元启动刺激了银行的非理性繁荣

对迅速扩张的银行集团等信息的低效利用和对信贷质量表面成功的误判（如上文所述），欧洲货币联盟并没有在启动时避免使其出现在欧洲货币市场。这样的危险却与欧洲货币联盟的启动一同到来。

欧洲货币联盟是在全球信贷市场回暖时开始发展起来的。无论是官员、分析家还是记者如何鼓吹，它都是与欧洲金融市场一体化带来的新的巨大发展机遇和挑战同时到来的。这种新建货币体系增加了推动信贷泡沫形成的各种流行心理行为模式的危险（例如，正像行为金融理论学家所强调的以及投机倒把、非理性繁荣和学习进程等著名的口头禅所总结的那样）。

由于受到误导，欧洲央行官员们骄傲地成为信贷热度攀升进程的啦啦队长。他们还没有首先认真审查这些貌似不错的消息，就急切地去解读和报道欧元的成功。上述行为的一个特别例证就是欧洲央行官员错误地赞扬了欧洲金融市场迅速整合的表象——这些表象包括银行间和隔夜货币批发市场的快速增长，还有欧元主导的企业债券市场的发展。

在未加批判地赞扬以欧元计价的企业债券市场的腾飞时（一度宣称他们发行的新债券现已超过美国），欧洲央行的官员未能意识到央行会发行如此大份额的欧元纸币（已经亮起红色警报的财务杠杆率），也没有发现高杠杆化运作的非银行金融中介机构（尤其是对冲基金），在多大程度上在以极低的信贷利差购买这些债券。实际上，他们寻找对欧元成功证据的举动，使他们对欧元区金融体系的热度（和偿付能力风险）的监控误入歧途。

意大利和西班牙这两个大国正是在欧洲货币联盟成立初期加入的。那时，这两个国家的金融中介机构还没有迎来业务迅速发展的阶段，极高的利息和其他限制已在几十年内阻碍了抵押贷款的增长。西班牙和意大利主要银行的高利润增长进而又推动两国股市的繁荣，这些银行可以通过激进的并购成为欧元区的主要金融机构。

西班牙和意大利银行迅速崛起为欧元区（的确也是世界）的明星，但是没有证据显示欧洲央行或资本市场对其中隐藏的风险保持警觉。相反地，资本市场错误地将西班牙、意大利以及欧元区其他国家国内银行的迅速扩张解读为“欧洲金融区”真正复兴的证据，并且热烈欢迎这些高效且盈利的新全球伙伴的出现。

“投机转移”（这个词出现在艾力伯和金德尔伯格对泡沫破裂之后的分析中，指的是经济或政治环境中的大变化，这种变化之后奈特不确定性会上升，有时最终会刺激各种形式的非理性现象出现）是泡沫理论信奉者们长期承认的著名特性（参见艾力伯和金德尔伯格，2005）。这种情况下，用低息欧元代替各种二阶高息货币就是投机转移。

欧元民族主义者和卦奥赛（法国外交部）控制了欧元

新货币带来的兴奋以及新货币在欧洲整合期间为金融机构创造的机遇与欧元民族主义是有区别的。这种新现象，尤其是欧洲货币联盟带来的热情的特点，能够削弱美国经济、金融和地缘政治霸权。

欧元区民族主义，或许是欧洲货币联盟的必然产物，导致了欧洲央行对西方七国外交的严重失误，同时也系统地低估了面对美国经济和金融发展时的脆弱性。

事先确定好的第二任欧洲央行行长特里谢先生就已将带有明显缺陷的欧元民族主义预设为欧洲央行内部的一个特点。

根据法国总统希拉克和德国总理科尔在 1998 年 5 月欧盟峰会上达成的协议，德国大力支持的行长威廉 · 德伊森贝赫在远未结束其 8 年任期前就由克劳德 · 特里谢接任其职务。

作为法国顶级的经济外交官，特里谢在其漫长的职业生涯中被认为是一位欧洲民族主义者。可以预见，他会利用他的职权在欧洲央行推行法国外交部实施的对抗美国货币霸权的一个长期受到欢迎的政策（这个政策被称为“多极化”，是一个更为宽泛的法国政策目标的一部分。例如，它在时好时坏的北京和巴黎之间的特殊关系中表现得十分明显）。

2003 年秋召开迪拜西方七国首脑会议时，特里谢先生推动欧元民族主义的重大机遇到来了。在美元兑欧元已经很疲软的背景下（欧洲央行将此归结于美国经常账户赤字和储蓄率过低，而不是过度刺激的美国货币政策），特里谢支持布什政府为响应来自美国国会并主要针对中国的贸易保护主义者的压力而迫使东亚货币升值的行动。

从欧洲贸易视角来看，瓦解东亚美元集团表面上也有吸引力。特里谢和其在法兰西银行的经济顾问认为东亚货币不可避免的升值将会增强欧洲的竞争力。他与华盛顿的货币民粹主义者结成不光彩的同盟，要求解散亚洲美元集团，特别是中国尤其应取消针对美元的汇率挂钩政策，确保其货币升值——同时，还要解除外汇管制和政府干预，这些是可以做到的！

在应对中国的问题上，考虑到巴黎和北京的特殊关系，特里谢须保持适度敏感。因此，他和他的法国外交部的同事找到了一个折中的方法——通过温和的途径调整货币政策，而不是像华盛顿的新重商主义者提出的那样！

欧洲央行和华盛顿联手对亚洲美元集团发动致命攻击

没有证据表明，欧洲央行在制定政策时曾对亚洲美元集团的瓦解是否会为欧元区带来整体利益这个问题认真讨论过。即使曾经认真讨论过，欧洲央行内部也没有找到关于另一种备选观点的记录。欧洲央行政策制定的记录真是令人失望。

整个事件又一次揭示了一个独立的中央银行与政治舞台绝缘，尤其是一个没有政治联盟的货币联盟的不足。

本来应该给予考虑，也应该在一个更开放的系统中进行政策辩论的备选观点是什么呢？

东亚巨额储蓄盈余国家和最大的储蓄不足国美国之间这种活跃流畅的资本流通对欧洲是有好处的，这应该出现在汇率风险很低的美元集团内。美元集团的瓦解本身会给全球资本流动带来新的重大不确定性。原则上，东亚和美国之间汇率风险的出现意味着东亚利率平衡水平的下滑和美国利率平衡水平的上涨，同时伴随着东亚货币的升值和美元的贬值。

可是谁又知道新平衡水平到底在哪儿呢？在此期间，市场中可能会有一个延长的学习过程，同时（在艾力伯和金德尔伯格理解的经济、金融或政治环境的巨变中，参见本书第 32 页）还会出现像主要投机转移这类事情。这种危险会使助长（尤其是美元汇率）投机行为的过程浮现吗？

不考虑亚洲美元集团的瓦解，欧洲联盟的启动以及欧洲央行和美联储于 2003 年春共同宣布调整货币框架，难道这样的世界货币不确定性还不够多吗？

美元下挫导致 2004 年欧洲央行政策误入歧途

欧洲央行和华盛顿在迪拜峰会上（打破亚洲美元集团的）“成功”方针的一个结果就是美元继续下挫。这使欧洲央行货币政策严重误入歧途，同时为将来全球不稳定因素的出现埋下了种子，也是日元套利交易中将要破裂的一个泡沫。

越来越多的证据表明，鉴于过度货币宽松的政策，欧洲央行政策委员会已经在 2004 年延迟推出任何货币紧缩政策，同时影响该委员会的一个因素是欧元对美元的强势，而随着亚洲美元集团的瓦解，这种强势进一步加强。

2003—2004 年期间美元极度疲软，在判断其货币政策的总体适当性的时候，欧洲央行过多地关注汇率（主要是美元兑欧元汇率），而对其他因素没有给予充分关注（如货币数据、信贷或房地产市场升温的证据）。

亚洲美元集团的瓦解也为日后日元套利交易泡沫埋下了隐患。日本银行（除了过度刺激的美国货币政策）对迪拜峰会引发的超强日元非常担心，决定（在 2006 年初）推出其缺乏活力并且删减后的通货膨胀定标。这就是日本将利率维持在次中间水平，而不是大胆采用未受美国和欧洲影响的货币稳定框架的原因。日本出现的货币失衡转而又强烈刺激日元套利交易进入一种非理性繁荣状态。

过热的日元套利交易推动了信贷市场热度的攀升，这不仅发生在许多东亚国家（尤其是韩国），也发生在欧洲（狂热的房地产市场和私募股权市场），尤其是中欧新兴市场经济体。

欧洲银行对股票市场长期收益前景抱有极大热情，欧元诱发的欧洲金融整合使这种前景显得更加迷人，因此欧洲银行积极参与美国银行这时回避的一个新兴贷款业务市场（这个市场以中欧为中心，也包括东亚）。此外，欧洲银行也纷纷加入美国信贷繁荣，包括后来称作“有毒资产”的全部信贷业务。

这是自 19 世纪末期以来，欧洲投资者首次卷入美元信贷泡沫之中。由于没有匹配的自然美元存款基础，欧洲银行变得更加依赖于隔夜和短期债券美元回购市场。

没有证据显示欧洲央行相关官员在21世纪第一个十年的中期曾经意识到或指出欧洲银行已高度卷入国外尤其是美国信贷繁荣之中的危险。相反，他们发表了关于欧元新时代的演讲，即欧洲国家如何在美国经济、金融冲击下赢得更大的独立。可事实却截然相反。

欧洲央行不但没有成功处理在他们监控之下成长起来的金融互相依赖问题，而且还夸大了货币联盟带来的经济独立程度。

欧洲央行一再低估美国经济衰退（为欧洲）带来的风险

在货币联盟第一个十年经济衰退出现的前夕和早期阶段（2001年初和2008年初期和中期），欧洲央行一再犯同样的错误，该行认为欧元区经济能够避免被大幅下滑的美国经济拖垮（或者认为欧元区经济的确受到拉动美国经济下滑的同样力量的影响）。处在关键的周期性转折点的政策远远落后于市场发展的曲线。

2006年中期到2007年初，美国经济增长放缓（低于预期却呈现正增长的一段时期）以及后来2007年7、8月全球信贷市场动荡引发的更加明显的下滑，预示着美国自2007年11月就开始了经济衰退，而对此欧洲央行起初矢口否定欧元区经济会步美国后尘。在增长放缓时，欧洲央行坚定地支持那些经济乐观主义者（预计美国不会出现硬着陆，房地产市场也不会出现严重下滑）。

在2007年晚期和2008年早期，对于经济前景的看法欧洲央行内部存在分歧（德国央行银行家和德国央行前银行家仍然很乐观），但是一些主要官员同意采取持续紧缩的货币立场，因为他们都对扶摇直上的油价和商品价格将会推高通货膨胀表示关切。实际无风险利率上升的同时信贷泡沫破裂必然意味着平衡无风险利率大幅下滑（再加上一个高于无风险利率的远比正常风险利率利差更大的风险利差），由此可以清楚地看到形势的严峻。

欧洲央行政策制定者决定在2008年前三季度收紧货币政策，他们完全没有意识到存在石油价格泡沫的可能性是很大的。

在分析已知 CPI 高点时，欧洲央行政策制定者未能将货币通货膨胀和实际价格水平上升（这里指泡沫驱动下的石油短缺）进行明确区分，而这都可能导致以后的情况最终发生逆转。

信贷震荡出现后，未考虑替代战略

就信贷利差异常低而言，即使欧洲央行决策者认为信贷市场一直都很良好或繁荣，2007 年 7、8 月的信贷动荡似乎也令他们大吃一惊。对欧洲央行决策者来说，最大的震惊是欧洲银行卷入美国信贷泡沫之中，而卷入程度被深深地隐藏在资产负债表之外的实体之中（所谓的结构性投资工具，简称 SIVs）。

同年 8 月 9 日，得知法国巴黎银行冻结了旗下三个投资基金，并且停止援救欧洲最引人注目的德国工业银行（IKB）次级伤亡险（在结构性投资工具中有高风险债务）的消息时，欧洲银行间借贷市场突然陷入危机（许多银行发现只有在高于正常利率的溢价的某些情况下，才可以将银行市场贷款展期，其他情况下根本不可能）（在结构性投资工具下的高风险债务）。欧洲央行下令向市场注入资本，这意味着欧洲央行要以当时（每年 4% 以上）的隔夜利率提供无限制的（而不是合格的）资金抵押。

2007 年 5 月 9 日欧洲央行决定（通过政策制定官员间电话会议，同时传闻德国央行起了主要协调作用）向任何申请银行按照接近未修改的官方利率提供大规模抵押贷款，而这似乎根本未考虑主要替代行动方案，也没有考虑退出战略。

有证据表明，显然制定上述决策的欧洲央行官员错误地认为本次危机的根源是流动资金短缺，而不是破产危险的爆发。

替代行动计划本该是立即将欧洲央行隔夜存款便利削减为零（以应对银行同业拆借市场危机），同时向任何银行高于既定配额数量的抵押贷款征收溢价费（溢价费随着超过配额的数量的增加而上涨），欧洲央行将向特别无抵押贷款征收更高的溢价费（按照逐案规定的限制）。

根据这一计划，在有超额准备金，寻找使其留在欧洲央行的替代无风险出口的银行的压力下（现在收益为零），短期优质欧元政府债券的收益将同时下跌到接近为零。在货币批发市场，本来会出现一个瞬间扇出率——那些实力不太差的银行能够以很低的利率（略高于零）吸引非抵押资金，而那些被视为（或怀疑为）差的，则不得不按照远高于从欧洲央行正常规模贷款的官方回购利率支付利率。

鉴于低风险存款利率和更高风险银行同业拆借利率或是批发贷款利率的巨大利差，拥有超额存款准备金的银行或喜欢风险套利的非银行机构会将一些资金拨给资金实力更弱的银行或者货币市场型证券（这些票据的收益率将远高于无风险利率水平）。

本来会有一批金融机构即使在私人市场利率很高的情况下也无法满足其融资需求，除非能够在抵押回购市场解决融资需求问题。在抵押回购市场，已经出现了质押抵押物，包括质押所谓顶级抵押票据（而这个市场在危机最严重的时刻也被冻结了）——他们本该是欧洲央行按照溢价利率借款的主要借款人。

继而，欧洲央行不得不（与成员国的国家相关部门一起）商讨，是否向那些特别虚弱的机构（传统意义上的最后贷款人）继续提供紧急贷款或是坚持结构调整（各种选项可以是从政府注资到清算程序。在清算程序中，政府实体接管银行贷款资产，将存款——商誉资产——卖给另一家实力更强的银行，同时清除银行股东和债券所有人）。

欧洲央行官员否认存在欧洲本土信贷泡沫破产危机（西班牙、英国、法国、东欧、意大利等地过热的房地产市场及更普遍地参与新兴市场贷款或私人股权投资的热潮）。直到2008年，他们仍然继续强调有资本流动危机而不是几个主要机构有破产的可能。至于货币市场的操作，欧洲央行继续对所有市场的解决方案嗤之以鼻，这些方案允许扩大实力虚弱的银行和实力强一些的银行之间的利差（伴随着对非银行机构风险贷款利率的提高），这将对资本结构调整产生利润刺激。

尤其是不太虚弱的银行通过发行股权资本（这需要一个充分披露的流程）并以这种方式降低了（非抵押）储蓄的风险（因为可以通过一个更大的股权保护垫来保护存款人），这些银行将能够在向其他（更虚弱的）银行或非银行机构转贷中获取更多的利差。

假分离原则

从 2007 年 8 月的动荡到 2008 年秋季的紧缩，欧洲央行在执行货币政策时颁布了一个称作分离原则的虚假学说。这个学说进一步使货币政策（从最佳）误入歧途。

根据这一学说，在隔夜市场应该一直仅有一个利率（而不是为了适应有各种不同信用风险的机构的一系列利率），并且该利率应该继续与官方公布的回购利率相挂钩。正常时，这个利率应该根据通货膨胀定标要求制定。

另外，应该确定信贷支持业务量（银行冲销的抵押贷款），以便维持货币市场的“流动性”，而且适用于这些业务的利率应该是统一一致的（并非常接近官方回购利率）。

事实上，在即使和隔夜贷款相关的不健康风险观念和区分金融机构的高度异质信贷风险的情况下，分离原则也加剧了不平衡现象。

就平衡而言，不会有面向所有机构的一个隔夜市场利率这种情况。如果没有平抑利率差异的干预措施，利率变化范围会非常大——最强大的金融机构的利率最低，而最弱小的金融机构却是最高。

为了使市场以这种方式运作，欧洲央行本该放弃为所有机构固定同一隔夜利率的努力。欧洲银行的隔夜存款利率已下调至零。该行将通过开放市场操作的方式增加储备金（基于非冲销式），例如满足超额储备金的更多需求，以此防止出现高能货币发展的短缺，这种短缺以大范围远高于零的无风险利率的形式表现出来（如短期政府债券或以政府债券为抵押的回购利率）。

恰恰与此相反，2008 年 9 月金融危机高峰时，欧洲央行试图缩小其贷款利率（通过其过剩的储备金支付）和边际贷款利率之间的利率差，加倍努力为所有金融机构制定一个统一的隔夜利率。无疑，这种无视市场力量的行动导致了历史倒退，拥有过剩准备金的较强大的机构将其准备金存储在欧洲央行，而欧洲央行反过来成为为那些弱小机构提供边际贷款的唯一机构。

在应用分离原则的过程中，欧洲央行没有看到整个市场均衡利率模式发生了根本变化，而采取了与均衡发展趋势相反的措施，从而加剧了金融危机和经济衰退。

此外，欧洲央行的操作同应对先前金融动荡的成熟货币对策背道而驰。根据准备金利率为零的金本位制或者随后的纸币本位制（这种标准一直沿用至欧洲央行成立），中央银行在寻求避风港的压力下将允许（除非因要履行保护正在遭受攻击的金平价这个主要义务而被阻止）准货币资产无风险利率下降至零，同时将更多货币基数放入这个系统，以防止出现任何程度的准备金（银行争相增加准备金盈余，以便应对恐慌性挤兑基金）短缺（短缺的一个表现将是准货币资产，例如国库券和短期政府债券的无风险收益率的反弹）。

在风险规避心理强化和信贷危机加深时，相对于风险利率，无风险利率的平衡趋势当然会出现下滑。总体而言，全球经济整体走向衰退（实际上，当代经济观察家们并未发现美国和日本的经济衰退已于 2007 年 11 月就开始了）意味着各种风险投资的平均成本肯定在下降（以便平衡不断增长的储蓄倾向和不断下降的支出倾向）。

即使把最后的考虑放在一边并按照面值（未经考证），欧洲央行试图将市场利率调至中间水平之上，以便使欧元区免受“通货膨胀危害”的影响，以短期政府债券收益和（适用于最弱的金融机构的）隔夜货币利率为代表的无风险利率也在滑向极低水平，而风险利率，如一个月或三个月由非优质票据抵押的银行间同业贷款或回购贷款利率本来会攀升。

欧洲央行通过固定隔夜利率为政府债券利率设定较高下限（通过无限制地获得固定利率的存款便利），以冲销方式对有期抵押借贷市场施加大规模干预（以便抑制更高风险利率的继续攀升）来对抗这种趋势，因此，欧洲央行对欧元区的经济稳定起着破坏性作用。

事实上，欧洲央行通过实施假分离原则，不仅扮演了经济稳定破坏者的角色，还加剧了信贷市场的不平衡程度。

通过避免信贷风险加剧时出现市场利率大幅波动，欧洲央行在其工作中加入“流动性维持”，而“流动性维持”是对该行向弱小机构以冲销方式提供资金的不当描述。

如果早就允许市场自由运作，那么更大的利差原本可以打通若干已经堵塞的信贷流动渠道。

当然了，欧洲央行可能认为许多问题不单单出现在该行。其他央行，包括美联储也在沿用同样的分离原则，这种情况至少持续到2007年8月（这时伯南克领导的美联储开始进一步削减利率，但削减幅度并不充分——参见海泽尔）。可是这些起诉已经强调，虽然是一家新机构，难道欧洲央行就不应有超过普通人的目标，特别是要比美联储做得更好吗？

事实上，在这个时候（直到2008年深秋），美联储的准备金利率仍然是零，因此一些无风险利率的自动稳定行动也确实在美联储实施（特别是将国库券利率下降到零）。伯南克教授决心像欧洲央行一样落实向准备金支付利息的体系，以加强美联储固定货币利率的能力。

下面是另一个与“有缺陷的分离原则”以及起诉书中列举的欧洲央行许多失误有关的问题。

缺乏问责制

欧洲货币联盟存在结构缺陷——尤其是《马斯特里赫特条约》为透明性和问责制规定的虚弱标准——即在政策制定中主要决策（如如何应对2007年8月的“流动性危机”、随后对分离原则的阐释和 1998年初设计或2003年重新设计货币框架）并未有效地受到内外部挑战。

欧洲央行官员已经放言欧洲货币联盟的货币政策制定将会始终坚持透明和问责的原则。他们以月度政策委员会会议后立即举行的新闻发布会为证。在仔细审查这些会议内容后会发现记者向决策者提出的无非是一些无关紧要的问题——大多数的问题是利率增加（或减少）是否讨论或不讨论，即便偶尔有人提出难题也会被欧洲央行行长冗长且难以理解的发言阻挡回去！当然后面的问题就不会真正有机会提出了，而且将由行长亲自点名由哪位记者提问了！

再有就是月度报告，欧洲央行的决策者可以在报告中解释其政策的依据。可这些月度报告却从未揭示任何已经在决策桌上讨论过的辩论或已讨论的政策的性质。确有一些披露宏观经济的预测并且欧洲央行成员的确为经济工作的深度和复杂性感到自豪，但就其性质而言，预测大多是不正确的，而且每个人都知道这些预测可能是错误的，因为央行不是经济预测机构。

谈及透明度和问责制时，具体备选方案和风险就很有意思。这些方案和风险通过集体思考程序（包括货币原则的思考）共同讨论。欧洲央行从未对此有过任何公开披露。

欧洲央行行长定期向欧盟议会提交证词。但是，对所有文本审核后显示，根本没有对欧洲央行货币政策制定或破坏性挑战提出任何严肃、关键且又合理的问题。这些问题可能改变政策制定程序或推动货币框架的重新起草。欧洲央行在 1999 年和 2003 年 5 月制定了一个过于简单的货币政策，更糟糕的是美国和日本已经出现经济衰退，并且很有可能已经传播或者正在向欧洲传播，该行却在 2007 年年底和 2008 年强制执行货币紧缩政策，有哪个记者或议员曾经有机会或准备好向欧洲央行行长直接提出任何疑问呢？

答案是没有。

比问责制中这些缺陷更重要的是他们没有在政策制定者出现失误时提出问题，仍然期望政策制定者能意识到自己的错误，同时希望民主压力会令他们意识到这些错误！

欧洲央行官员对其透明度和问责制引以为荣，透明度和问责制源于每年一度的欧洲央行关注者研讨会，会上境外著名经济学家会提交文件并参与货币问题的讨论。显然，这里应该是机遇与挑战并存。然而在研讨会精心准备的“会议总结”中绝对找不到一丝的怨愤甚至激烈交锋的记录。本次研讨会是由德国央行部分资助的法兰克福研究所举办的！所有到会成员都接到该研究所的邀请。可提供的材料显示研讨会的基调是彬彬有礼，像是在俱乐部一样。在这里，没人有机会提出不适宜的问题。

原则上，这里本应该有一个问责制的国家政治标准。法国政府应该委派一个明智的中央银行行长，这个人应愿意主动打破法兰克福银行沉睡已久的等级制度，并且愿意带头挑战决策共识（参见马什，2009）。目前尚未出现这种情况，或许是因为他们还不打算对抗来自法国的欧洲央行行长。意大利各界政府，甚至是西尔维奥·贝卢斯科尼领导的那届政府同样也放弃了这种机会。鉴于任何政治干预都会为长期货币稳定带来严重危险这一普遍的担忧，挑战中央银行在德国将是政治禁忌。

欧洲央行放弃推荐欧洲货币联盟新成员的关键作用

除了指导成员国政府的预算政策和指出他们缺乏经济改革政策（例如提高生产力）——这两者都不在欧洲央行的规定范围内，该行极力与欧盟政治规定保持距离。

面对分歧，欧洲央行回避了其职责范围内的一个关键问题。根据《马斯特里赫特条约》，欧洲央行和欧盟委员会起着同样重要的作用，他们分别独立起草任何申请加入货币联盟的申请国的资格报告。欧洲央行早就表示无意卷入这种政治事务，因为这对它的报告独立陈述事实是一种限制。实际上，欧洲央行将这个责任转交给了欧盟委员会和欧盟理事会。

欧洲央行只对欧盟新成员加入欧洲货币联盟问题进行了跟踪，但却放弃了自己的内部工作程序，这是十分令人愤怒的。

例如，欧洲央行没有反对欧盟委员会的拒绝立陶宛入盟的裁决（2006），尽管该国只是未通过一次入盟测试，并且那时通货膨胀得分仅差 0.1 分（如果通货膨胀基准只包括欧洲货币联盟其他国家而不包括那时英国的人为低利率的话，立陶宛本来能够通过这个测试）。可是欧洲央行没有给出结论，只是就这个问题发表了自己平淡的事实总结。还有就是欧盟委员会允许德国随意执行其俄罗斯政策（因为不值得因欧元扩张至波罗的海国家一事而惹怒俄罗斯，从而损害德国利益！），这是欧盟委员会自己做出的直接决定，欧洲央行没有专家对此提出抗议。

就制度事实而言，（根据《马斯特里赫特条约》）欧洲央行本该具有独立于欧盟委员会的立场，提供不受政治干预的专家评估。欧盟理事会内部那些倾向于支持欧洲自由和民主、反对普京独裁的成员本来是可以利用这份专家评估的。

三年之后（2009 年），一旦爆发全球信贷危机，欧洲央行和欧盟委员会就可能会自我表白他们或是疏忽，或是根据权限阻止立陶宛加入欧洲货币联盟（即使没有证据表明欧盟委员会拒绝接纳立陶宛或欧洲央行对这个拒绝提出质疑时可能会出现信贷泡沫）。波罗的海国家的房地产周期很长（相对于其经济规模），严重依赖经由银行业的大规模资本流入，从而使这些国家深深地陷入了经济衰退之中。

如果立陶宛处在欧元区，为了抵御和预防国外资本破坏性出逃，欧洲央行就不得不援救这个国家的国内银行或和俄罗斯有相关业务经历的银行（以应对不良国内信贷资产抵押）。即便如此，相对于任何一个欧洲货币联盟大国的规模，任何这种援救都是非常微小的。

最终，在 2009 年初春时，随着人们越来越怀疑拉脱维亚将成为第一个被迫实施大幅货币贬值的国家，波罗的海国家的后泡沫危机加深。由于 2009 年 4 月的 G20 峰会邀请国际货币基金组织参加并且经谈判再次承诺大力筹措资金（会上，法国明显取得了外交胜利，为支持以法国前财政部长施特劳斯 · 卡恩为首的国际货币基金组织，法国带头发起多边援助，明确支持东欧新型市场国家并且间接支持虚弱的欧元区国家），考虑到不久的将来会大力削减公共支出，并且大幅降低高利率，人们的怀疑开始消失。

非常明显，一年前普京和梅德韦杰夫的专制统治威胁到了欧盟与俄罗斯接壤地区的政治和经济的未来，欧盟本可以通过货币联盟稳定这个边境地区的经济和政治前景，可是欧洲央行再次错失了这一良机。

2009 年 6 月 4 日，特里谢行长发表的新闻公报中，有一半都是欧洲央行对经济前景的展望，可是展望几乎是完全错误的。特里谢本来可以利用这个机会提出历史性的建议，即：波罗的海国家应首先将其各自货币大幅贬值 40%，然后再立即将这些国家纳入欧洲货币联盟。本来这可以像创造奇迹一样美妙，因为波罗的海国家的利率即将崩溃，并且货币大幅贬值也可以极大地刺激这些国家的经济复苏进程。

尽管特里谢对于“欧洲”这个主题有着浪漫的理想主义（参见布朗，2004），他还是决定不要冒险要求柏林参与任何支持波罗的海国家安全脱离普京和梅德韦杰夫独裁势力范围的大胆举动（因为德国的外交原则仍然是俄罗斯优先）。

特里谢先生会再次成为巴黎的忠实盟友，没有人会对此感到吃惊，他坚决支持国际货币基金组织参与救援活动而不是支持欧元扩张。

波罗的海国家的危机意味着将为欧元区更弱的成员国带来不稳定。早在 2009 年年初，就有谣言称西班牙和意大利也将被迫退出欧元区（那时主要危险是担心破产、政府债券市场会崩溃。担心破产加速了大批资本逃离银行系统，各国存款人为应对欧洲货币联盟的挤兑风险，将资金存入德国、法国或荷兰的银行）。

爱尔兰、希腊和葡萄牙需要的援救规模居中，任何保持这些国家欧洲货币联盟成员国身份的有效借贷组合都要远大于对立陶宛的借贷，但又比意大利或西班牙所需规模小得多。虽然通过国际货币基金组织的参与有可能减轻救援意大利和西班牙的压力，但是任何信贷评级强国向信贷评级弱国提供的贷款援救都必须是大规模的。下面我们介绍最后一条指控。

欧洲货币联盟未能通过首次全球经济衰退的测试

欧洲货币联盟未通过严重的全球经济衰退压力测试。雷曼银行（2008年9月）破产后，全球金融市场陷入萧条。人们开始怀疑欧洲货币联盟内信贷评级最差的政府可能破产，并且欧洲货币联盟解体（由于金融危机，一个或多个国家被迫退出欧洲货币联盟）的可能成为市场评估的一个显著因素。

面对严重的经济衰退和信贷危机，人们对欧洲货币联盟的未来如此缺乏自信，这该如何解释呢？首先，那时西班牙确实存在着巨大的信贷和房地产泡沫，同时信贷和房地产市场崩溃会削弱银行系统。毫无疑问，形成信贷和房地产泡沫的一个因素是货币体系改变（从比塞塔体系转变成欧元体系）的同时利率出现大幅下滑。

其次，意大利公共财政起点很低而且非常虚弱（债务与GDP的比值非常高，远超过100%）。

再者，较之德国，在欧洲货币联盟成立的第一个十年，西班牙和意大利的劳动力成本一直在上升。当资金流入国内繁荣的建筑业和房地产业（主要是西班牙）时，这是没有问题的。即使有来自其他国家的廉价劳动力的竞争，意大利的出口也很有活力。但是现在，国内繁荣（泡沫）不再，通向繁荣的任何长期路径都可能伴随着过度膨胀领域和某些不流通非贸易品和服务业的长期萎缩以及需要出口的再平衡。

要避免长期存在的摩擦性失业和结构性失业，就须作出上述调整，需要在货币联盟范围内大幅降低曾经出现泡沫的经济体的工资和价格水平。或者，大批劳工由西班牙或意大利这两个国家流向别的国家（主要是其他欧盟国家）去寻找赚钱的就业机会。但是欧洲货币联盟内的劳工流动不太可能像美国州与州之间，或者加拿大省与省之间那样活力十足。

可能长期持续的严峻经济环境，再加上国内银行系统的大规模救援开始从泡沫引发的损失中撤出（意大利的救援撤出规模相对于东欧国家是相当大的），都使公共财政前景非常惨淡。如果没有从强势国家向弱势国家自动提供援助的规定（就如同华盛顿向美国各州提供援助一样），国家破产的幽灵就会随时出现。

欧元自负的自我指控

欧洲央行官员在该机构成立10周年时赞扬欧洲货币联盟迅速度过巨大的金融恐慌（其中最大的灾难便是雷曼破产）。特里谢行长的讲话为欧元的自负作出了最终的自我指控。

2009年1月7日接受《费加罗杂志》采访时，特里谢说道：

> “很显然，对于选择欧元的民主国家，欧元是他们的一大优势。历史证明，欧元非常稳定，面对金融经济动荡，欧元抵制了冲击，表现出强大的适应能力。我再说一遍，欧元已经成为保护欧元区免受国际混乱冲击的一个关键因素……（2007年8月9日）发生国际金融动荡时，我们是第一个立即采取措施的中央银行……欧洲已经可以应对最艰难的金融环境……欧元取得了巨大的成功。”

《华尔街日报欧洲版》的编辑支持特里谢，在2009年1月2日的头版中，这个编辑写到：

> “作为诞生于1999年元旦的唯一欧洲货币，欧元在过去的十年里是一颗罕见且耀眼的经济之星。”

当然欧洲货币联盟和欧洲央行的部分官员还有不在这些部门的朋友们，都会为欧元面临的任何指控作出辩护。在下面的章节中，我们将讲述欧元如何自我辩护以及原告是怎样应对的。

2

欧元泡沫的由来

这么伟大的希望是如何落空的呢？

这是20世纪90年代末成立的一家新中央银行和一个新货币联盟。在货币联盟成立之初，就有像米尔顿·弗里德曼这样的愤世嫉俗者曾警告欧洲货币联盟不可能安然度过第一个严重的经济衰退。

但是现在掌握欧洲货币命运的那些热衷欧元的人却鼓吹一个新的金融政治和经济未来已经来临。

可最终证明这种说法是空洞无物的。十年后，欧洲货币联盟组织就淹没在一次萧条的信贷泡沫之中（从某些方面来说，甚至比美国的泡沫危机更加萧条）！政治一体化没有取得丝毫进展，而且从某些方面看，甚至出现了倒退（尽管雅克·德洛尔声称经济联盟将有助于推动政治联盟的发展），金融一体化已开始开倒车。

初期，在世界主流投资者的视界内，一些财政较弱的货币联盟成员国的政府证券市场的资金外逃导致了欧盟货币联盟的解体或缩减。而那些一直在官方十周年纪念活动上吹嘘各自业绩的欧洲货币联盟官员不得不发表声明否认曾说过预言欧洲货币联盟解体危机的人不是白痴，就是受到了蒙骗！

在这一章里，我们的主要任务是回顾一下欧洲货币联盟是怎样一步步走向泡沫危机深渊的，比如2007年早期的泡沫危机，并且探究随后导致经济萎靡不振的主要原因。实际上，这一章收集的所有证据都是对第一章指控的证明。

奥托马·伊辛的历史观察

我们首先从奥托马·伊辛教授提供的证据入手，他是欧洲央行委员会的创建者，并且是经济研究理事会的首任会长。

在其著作《欧元的诞生》（2008）中可以发现大部分证据，他在书中写道：

> 实际上从欧洲货币联盟筹备到启动的九年时间里，欧洲央行可以无可争辩地声称它的货币政策获得了成功。那些内心持怀疑态度的观察者至多会再加上“到目前为止”这个限制说明而已。在这一时期，HICP的平均年增长率是2.06%。即使在1950年到1998年德国马克被认为表现不太好时，其增长率也达到每年2.8%的水平。

这是一个用心专一的将领的声明，他为达到目的而不惜付出任何代价！假若这样，很快就要承担的后果就是可怕的信贷泡沫及其破裂。通过详细检查，将其与德国马克作出历史比较，这个比较中既有虚构之处，也有事实（参见本书第63页）。

让我们从第一个重大政策决策开始，伊辛教授称其为货币政策成功的十年。

第一个重大货币政策决策是一个巨大的错误（1998—1999）

在欧洲货币联盟成立之初，欧元区总体年通货膨胀率仅为1%，因此，欧洲央行决定支持货币宽松政策。1998年12月初，当国家央行仍然是一个合法的独立政策制定者时，欧洲央行准备全面削减所有参加国的官方利率（欧洲央行的前身是欧洲货币局，于1998

年 7 月 1 日正式运营）。相应地，为欧洲货币联盟启动设定的官方回购利率是每年 3%。

1999 年 4 月第二次货币政策修订时，拟为“管理委员会”决定再次降低全部政策利率。主要再融资利率和存款利率均减少了 50 个基点，分别降至 2.5% 和 1.5%。

事后看来，尽管有利益可言，但 1998 年末至 1999 年初这一系列货币宽松政策仍然令新货币联盟深感不安。一段时间内，通货膨胀率仅低于通货膨胀目标上限 1 个百分点，这实在糟糕透了。信息技术产业正在如火如荼地发展，这势必会导致全球劳动生产率加速增长，即使欧洲官方统计人员的统计工作干得非常不漂亮。就其本身而言，劳动生产率加速增长将会通过与货币均衡相一致的时间降低价格水平路径。

1998 年夏末，俄罗斯债务危机的爆发导致 1998 年秋季出现短暂的与长期资本管理相关的流动性危机，并且在此期间美联储主席艾伦 · 格林斯潘（部分根据股市暴跌的启发）预先实施了宽松的货币政策。毫无疑问，这些全都影响了刚启动的欧洲中央银行的政策制定者的情绪。但是美国联邦公开市场委员会（FOMC）货币政策的宽松程度以及这种政策的缓慢撤出遭到了广泛的批评，特别是指责这些政策助长了纳斯达克泡沫的出现和破裂。

欧洲央行在成立之初如果不模仿华盛顿的金融观点和风格，难道就不能做得更好吗？不管怎样，欧洲央行 1999 年 4 月大幅降息时，美联储危机应对行动已经过去了半年，并且也不再担忧美国的增长可能减缓了。

奇怪的是，伊辛教授在自己的书中选择不对欧洲央行可能如何回答这个批评提出见解。他有些不满意地写道：

> 主要国外市场仍然受到亚洲金融危机的影响，并且 1998 年夏季俄罗斯金融危机的持续影响威力仍然存在。对价格水平处在下滑趋势的风险评估成为欧洲央行管理委员会在 1999 年 4 月 8 日的会议上决定将主要再融资便利利率降低 50 个基点至 2.5% 的依据。

《欧元区货币政策》（2001）由伊辛、加斯帕、安格洛尼和特里斯塔尼联合起草，这个政策包含了对1998年年底和1999年春宽松货币政策的非添加分析。这个政策的描述更接近事实，并且强调所谓的“通胀下行风险”。作者写道：

> 1999年4月8日，管理委员会面临着这样一种情况，即所有预测都预计通货膨胀率在接下来的两年里仍然良好地保持在价格稳定定义的范围内。在任何情况下，这些预计都是一系列重估的结果，并且总是预计向下发展，而这本身就是导致价格稳定面临下降威胁的一种趋势。虽然欧元区没有面临通货紧缩的预期，但这种风险却可能发生，价格稳定仍然主要面对价格下滑可能。在某种情况下，货币政策以低水平通货膨胀的方式运行，而鉴于这种情况的固有危险，则应当更加严肃地应对这种风险。

在欧洲央行启动之初，其货币政策就受到担心通货膨胀率过低这一因素的影响

我们从上面的引用中可以看出1999年初欧洲央行货币政策的制定部分源于人们担心通货膨胀将会进入一个低危险区（之所以危险是因为如果平衡无风险利率降至零以下，欧洲央行将无法在经济下降时提供刺激手段）。几年后，美联储在2003年初表明这种顾虑，部分不同之处是美国那时（20世纪90年代末）的通货膨胀远在危险区之上，另外就是与个别官员的任命出现了巧合。

美国总统布什在2002年任命普林斯顿大学教授本·伯南克为美联储理事。伯南克强烈倡议采取行动避免美联储执行“过低”的通货膨胀率。即使如此，格林斯潘教授已经遵循准通货膨胀定标政策多年（他绝不承认这一点！），也不承认货币均衡是与通货膨胀一致的。货币平衡甚至要求在相当长的一段时间里保持不均衡的通

货膨胀节奏，或者浮动价格水平。尤其是为了与货币平衡相一致，劳动生产率加速增长的阶段（在信息技术革命和相关投资消费高涨影响下的20世纪90年代中后期）应该和价格水平下滑同时出现。在商业周期萧条阶段（例如2001—2003年）价格水平下滑或低于正常通货膨胀率应被视为资本主义经济如何从经济衰退之中自动复苏的一个重要元素（参见本书第8页）。

筹备欧洲货币联盟时对货币政策的蒙昧程度正是极低的通货膨胀幽灵（那些了解良性通货紧缩，包括通货膨胀景气周期或价格水平下滑和货币通货紧缩之间的区别的经济学家并不认为这是幽灵）首先在欧洲出现的原因。为了证明各自的入盟资质，也为了证明各自抵制20世纪90年代初期和中期的间歇货币膨胀，很多国家央行（不包括无需证明资质的德国央行，无论如何该行在1991—1993年期间提前几年为应对入盟后繁荣期已经明显的通货膨胀危险实施了过度货币紧缩的政策）在经济走向衰退时（在20世纪90年代更早时）一直奉行不平衡的货币政策。此外，在1998年底，德国也走到了衰退的边缘（部分和亚洲金融危机后的全球贸易下滑相关）。

无论同期或随后的证据都没有表明欧洲央行官员（尤其是伊辛教授）认真考虑过这个假设，也就是即使那时轻微通货膨胀率（每年约1%）远低于隐含的“中期”每年2%的目标，也很可能已经与货币均衡一致了（尤其是考虑到经济中多数周期性价格的景气趋势在商业循环衰退阶段会下降，而在复苏阶段会上升）。也没有证据表明这些官员意识到大幅推高通货膨胀率（每年高于1%）可能造成严重货币失衡的危险（尤其是对于一个新的货币联盟来说）。

本来欧洲央行官员应该敏锐地觉察到与货币政策失衡相关的信贷和资产泡沫的信贷风险，然后制定一个备选政策，并在经济衰退阶段对未来抱有足够的信心。或许假如通货膨胀率过低，欧洲央行就不太关心货币瘫痪的危险。如果有准备好的应急方案可以取消针对名义无风险利率的零利率下限，尽管欧洲央行努力避免，最终严重经济衰退和债务紧缩的危险还会出现吗（参见本书第五章）？

在实践中，假如真正出现严重衰退和债务紧缩这个幽灵，那么欧洲央行推高通货膨胀率至略微高于每年1%（1999年）的水平，希望由此获得更多利差，这是不现实的。可是，即便在那个方向迈出一小步也将导致新货币急剧贬值或信贷和资产市场升温。

原则上，如果货币急剧贬值，就要为长期的高通货膨胀（4%—5%）预期做好准备，这样的确将消除零利率陷阱，因为无论如何，零利率是货币刺激政策的障碍。但在实践中，没有足够市场信心的新货币当然是看不到这个反应的。假设情况在理论上至少会面对三个重要反对意见：

首先，长期价格水平稳定基准从零或很低的正年均利率上升到一个较高的正年均利率，其本身就会降低央行实现基准的信心。每个人都知道零就是零。可一旦基准变为每年4%或5%呢？为什么不会是每年8%到10%呢？

其次，基准利率越是远离零，价格水平景气周期性变化的关键稳定机制就会越是无力。特别是在衰退期，周期性强的经济领域价格下降会刺激财务健康的家庭和公司的支出和消费，因为他们预期，一旦经济从衰退中复苏，价格会出现攀升。在高通胀的背景下，这种计算变得非常模糊。

当通货膨胀率高达4%—5%，而准备金的利率为零，在这种情况下，对于那些面临着来自不受准备金要求约束的同行们（其他金融机构）的竞争压力的银行来说，过高的存款准备金率显然是难以接受的（参见本书第11页）。然而，若通过降低准备金要求或向准备金支付利息解决这个问题，势必会严重破坏总体货币控制机制（参见本书第5—6页）。

无论如何，在1999年春季欧洲央行决定（未公开声明）稍微推高欧元区通货膨胀水平之后不久，不幸就出现了。欧元开始贬值，并且贬值速度不断加快。从一开始的1.18美元兑换1欧元下降到2000年10月的0.8美元兑换1欧元的水平，兑换日元贬值的幅度甚至更大。

作为一种新货币，面对引入通货膨胀的货币政策，欧元更加脆弱。每次下滑似乎都向怀疑货币联盟的人表明新货币不能赢得国际投资者的信任。用行为金融理论家的语言说，这里有一个负反馈环。

欧洲央行矢口否认
欧元贬值（1999—2000）的货币根源

欧洲央行对欧元下滑的官方反应的一个突出方面是，欧洲央行没有官员将此与在欧元区经济中再次引入更高通货膨胀的货币决策相联系。相反，却有一系列其他解释，包括从任何长期视角来看，为何欧元没有被低估或为何欧元贬值实际上由于资本流入美国，并且利用了美国信息技术革命的突出成就。越来越多的官员卷入到了是否应当通过官方干预支持欧元的辩论中。

欧洲央行行长维姆·德伊森贝赫被其同事观点不同的发言激怒，这些发言的主题是虚弱的欧元、欧元的好处或者不干预欧元。他宣布他本人而非其他人会对欧元货币政策负责——他对与会记者说："我才是欧元先生。"

2000 年秋季，美联储和欧洲央行终于联手推出一轮官方干预措施。随着纳斯达克泡沫的破灭，美国政府看到推动美元从高位（与欧元比较）下滑从而为美国股票市场提供支持的优势（一些持怀疑立场的人认为美国国会选举和总统选举是其中的一个因素）。但是干预的效果是短暂的。

2001 年 2 月，随着欧元的反弹，美国和欧元区的货币政策之间的相对立场也开始出现逆转。欧洲央行继续对货币宽松政策持谨慎态度——尤其是早期货币大幅贬值导致了通货膨胀的降临（再加上在新的十年之初，食品和能源价格的上涨）。

在 2001 年 9 月恐怖分子袭击美国后，美联储最终制定了应对经济衰退的刺激政策（在 2001 年 9 月之前的一年，美联储虽然比欧洲央行好一些，但是仍然一直明显落后于发展形势，该行迟迟未能发现经济不景气）。美联储最终于 2003 年春季推出在经济中引入通货膨胀的新货币政策，这个政策比欧洲央行 1999 年早期所制定的货币政策更明确，甚至比欧洲央行正在同时推出的货币政策更直接。

美联储转向刺激性政策是在进入衰退期后六个月。仅仅两个月后，美国经济就开始复苏。最终在2003年春季，由于仍然不确信经济已经好转，美联储推出在经济中引入通货膨胀的激进货币政策。这个政策比欧洲央行1999年前几个月颁布的同样政策更加明显和具有针对性。美联储推出的新政策同时也令同时代的观察家极为震惊，因为这个政策比2003年春季欧洲央行公布的货币政策框架更激进（且更具有扩张性）（参见本书第29页）。

这些在我们要讲的事情之前就已发生了。下面我们一起回顾一下当代评论家是如何看待1999—2000年这一时期的欧元疲软现象的。欧洲央行纪念欧洲央行成立十周年的《月度报告》的作者将1999年中期至2000年底这段时期作为文章标题——“第二阶段——提高利率，遏制通胀压力（1999年中期至2000年底）。”文章（当然）未提及通胀压力可能是源于早期错误的决定：即在2000年春季推高通货膨胀（显然是失控的行为）这个事实！相反，作者将其归结为其他外来因素：

在这期间，石油价格急剧上升，进口价格普遍上涨（这种情况的出现是因为欧元贬值吗？），这在短期内继续对价格形成压力。由于这些价格上涨的幅度和持续时间之长都超过原来的预期，在强劲的经济增长背景之下，通过工资设定对消费物价通胀产生间接影响和第二轮冲击的风险显著上升。欧元汇率的走势更是加剧了这些担忧。在这一时期，欧元继续贬值，不断下滑，特别是2000年下半年，欧元进一步与欧元区良好的基础不符。因此，中期价格稳定风险开始加大。

作者向欧洲央行的决策者表示祝贺，那时并不奇怪！

很明显，1999年4月降低主要欧洲央行利率时发现的价格稳定下行风险也不再那么明显。随着欧洲央行的经济和货币分析同时指向价格稳定上行风险，经过1999年11月至2000年10月一系列利率提升，管理委员会将欧洲央行主要利率总计提高了225个基点，同时将欧元系统主要再融资业务的最低拆入息率提高至2000年10

月的 4.75% 的水平。

本书作者并不是违背事实地对政策作出评判——如果在 1999 年底就提高 200 个基点，或者在 1999 年 4 月没有开始降低利率，结果该是多好！

与事实相悖的实验不应仅限于欧元和总体商业周期内 GDP 下降的百分点。还应包括（过度的货币宽松政策引发的）欧元刚开始下滑时所造成的损害以及过高的通货膨胀遏制了欧元区人民对欧元的信心。

正如大家所看到的，2003 年准备重建货币政策框架时，这种可能的信任缺乏将会限制欧洲央行的选择自由，使其更加难以放弃准通货膨胀定标和难以欣然接受更好的货币稳定原则（参见本书第 59 页）。

欧洲央行 1999—2000 年的政策失误限制其对 2001—2002 年经济衰退作出及时、正确的反应

从违背事实回到真实的历史，我们看一看欧洲央行是如何应对信息技术泡沫破裂后出现的全球经济衰退的。伊辛和他的合著者（参见伊辛和其他作者，2001 年）将这个阶段称作第三阶段——“欧洲央行主要利率下调，2001 年初—2003 年中期。”他们赞扬欧洲央行的“伟大的老约克公爵战术”（不是作者的术语，这个术语来自英语儿歌“他将他们赶上山，又赶下山，他们上山时上山，下山时下山！”）。

在此期间，管理委员会将欧洲央行主要利率总计下调 275 个基点，最低拆入息率在 2003 年 6 月达到 2% 的历史最低水平，这是自二战以来欧洲利率的最低水平。

看来，出于这个声明的考虑，作者似乎将欧洲的瑞士排除在外。

有一个关键问题被遗漏，即欧洲央行是否无力在 2001—2002 年经济衰退期间采取一个更加宽容的政策立场（在更短的时间内，将利率降低到同样的程度），而那段衰退是因为在 1999—2000 年期间向经济引入过多通货膨胀的早期政策失误引发的。早期事件（尤

其是欧元下滑）已经降低了低通胀预期，而拿掉稳定低通胀预期的锚的焦虑则使决策制定无法进行。

第二个关键问题是鉴于货币供应爆炸式增长本可以被视作信贷和房地产市场早期升温的一个指标，欧洲央行是否应该继续在2003年年初推行（应对紧缩的）宽松货币政策。

作者忽略了第二个问题，虽然承认（从2001年中期起不断加速的）应对M3的快速增加给予关注，但是却指出通过资产重新配置货币供应增长是可以理解的（私人投资组合从股票和其他长期金融资产向M2包含的安全且具有更大流动性的货币资产的大规模转移现象）。作者对M1的爆炸式增长未作评论（尤其是自2002年中期以来），部分原因是隔夜银行同业市场的飞速成长——这本身就是一个预示泡沫危机的早期指标。

紧接着，他们马上开始讨论“第四个阶段——欧洲央行的关键利率没有改变（从2003年中期到2005年年底）。”与此同时，2003年春季，他们又忽略了货币政策框架公告，公告“解释”了价格稳定的定义。

2003年春季，通向货币疯狂的开始

巧合的是，2003年年初成为美国货币史上的分水岭（参见布洛达斯，2004）（在英国的货币史中，尽管英格兰银行接受了政府更加密切的指导，但却并未出现明显不同，其也将政策框架转向了同美国和欧元区类似的框架）。5月会议（5月6日）结束时，美国联邦公开市场委员会首次表示对通货膨胀率过度降低表示关注：

通货膨胀不受欢迎显著降低的可能性虽然很小，可是已经超过从较低通货膨胀水平反弹的可能。

消息灵通人士认为，新任美联储理事伯南克是大萧条研究专家（伯南克认为大萧条发生的主要原因是没有实施足够强有力的货币干预来阻止严重经济衰退陷入经济萧条）和通胀定标的积极倡导者——他使美联储主席格林斯潘和他的同事们相信美国经济（在早

期纳斯达克泡沫出现及破裂之后）正处于进入“日本化”的通缩危险之中。

美联储的表现告诉我们，伯南克教授并没有完全说服格林斯潘主席，因为伯南克暗示下一步应利用非传统政策工具——包括增加大规模超额准备金的建议未被采用，或许是因为人们很清楚随后不久经济就会出现复苏。

事实上，神原英资教授在很久之后才辩称，20 世纪 90 年代后期和 21 世纪初日本价格水平的下降非常平和，并不是糟糕的萧条式通货紧缩（奥地利学派称作通缩方向的严重货币失衡），而是由于每人每小时劳动生产率的提高以及与日中迅速整合相关的贸易条件的改善（参见本书第 25 页）。

历史上的货币通缩都是货币创造远远滞后于实际货币需求的一个连续过程。原则上，晚些时候当价格水平持续下滑的预期已经非常清楚时，与货币供应持续微弱增长或货币供应实际收缩相匹配，有可能不再有任何当前货币紧缺。长期价格下滑是以长期价格增长与货币扩张完全同步的方式作出充分预计并且与货币发展进行匹配的，而这并非是货币失衡的证据，而是与长期价格水平稳定目标相一致的。

许多经济学家认为在 1989—1993 年日本央行执行特别严格的货币政策期间，的确出现货币紧缩的趋势（参见布朗，2002）。事实上，价格水平数据并不支持这种观点。神原英资教授在所谓“失去的十年”中的修正主义描述中介绍了良性通缩力量，这些力量造成价格水平温和下滑，不过新出现的价格水平的温和下滑很有可能要比神原英资教授所介绍的价格水平下滑要长出许多年。此外，持续价格下滑推断预期过程可能在起作用，这个过程以近期历史为基础，并且通过比实际货币需求增长缓慢的名义货币供应确认（但是不再伴随引发货币失衡的短缺）。

2003 年初，美国记录的价格水平上涨减缓至每年 1% 左右，采用正常（且经济有效的）景气循环行为（由美国和全球经济的强周期性行业的价格，包括商品价格控制）解释这种现象要比采用任何不幸的货币发展假说好得多。评论者认为，来自普林斯顿大学的新行长已经对大萧条特别“痴迷”，竟然不现实地认为大萧条很有可能会再次发生。此外，他没有从美联储在大萧条之前的繁荣时期的失误中充分吸取最重要的教训（参见洛文斯坦，2008；布朗，2008和下文第61页）。

2003年年初对于欧洲央行货币政策的演变也是一个关键时期。关键的5月6日美国联邦公开市场委员会会议召开（会后即刻发布的新闻稿中详细介绍了这个决定），两天之后欧洲央行召开了“欧洲央行货币战略政策评价新闻研讨会”。会上伊辛教授放映了一个幻灯片。首要重点是管理委员会澄清了其价格稳定的量化定义。

物价稳定应该被定义为欧元区消费者物价调和指数年度同比增长幅度低于但接近2%。

这个定义中的新元素是“接近”，而之前的定义中未提到容忍低估程度。

过去价格稳定是通过“中期”标准进行评估，但实际是大约为期两年（虽然未明确规定）。幻灯片中其他不太重要之处包括这样的内容，即欧洲央行是否正在定标通货膨胀（伊辛教授认为没有定标，可实际上正在定标，参见本书第19页），以及货币供应路径监控在所谓执行（未提到“执行”这个词）通货膨胀定标的“双支柱”方法中的作用（参见本书第14页）。

伊辛教授臭名昭著的幻灯片

对于货币在货币框架中所起的支柱作用，伊辛教授在其幻灯片演示中提出了两个令人有趣的特别观点。

首先，他反复断言（自从欧洲货币联盟启动之前首次公开阐释货币框架以来一直非常著名）值得从计量经济学类型分析角度对货币现象给予单独关注。计量经济学类型分析形成了第一个支柱，是（央行走廊内）拉响警报的触发器。不管是在与经济计量方程相关的两年期内还是更长的范围内，传统预测模型都不具备完全捕捉货币现象的信号能力（弗里德曼和奥地利学派都认可这一观点——参见本书第 6 页）。货币分析为从形成“第一个支柱”的经济分析角度获得的更短期启示提供了一种更长期视野的审核手段。

其次，伊辛教授对泡沫作出了直接评论：

货币盈余可能会为金融失衡和 / 或资产价格泡沫的确定提供更多信息，金融失衡和 / 或资产价格泡沫最终会影响价格趋势。

这句话的意思是金融失衡和资产价格泡沫本身，除了到目前为止他们能够为实现长期价格目标带来启示（长期价格目标是通货膨胀目标的另一种说法）外，不存在任何问题。这与奥地利学派的观点大相径庭。奥地利学派认为即使没有长期价格水平连续起伏的必然结果，严重的货币失衡仍然可能发生。可是奥地利学派认为不应轻视严重失衡。严重经济失衡的经济代价非常可怕，尤其是泡沫出现和破裂过程中产生的浪费（稀缺资本错误配置，既包括物质资本，又包括人力资本）。

比如，20 世纪 20 年代中期的美国货币失衡（根据奥地利经济学派的分析，在信贷和房地产资产市场的大幅升温之中，即使没有商品和服务价格水平上升的迹象也是非常明显的——参见罗斯巴德，1972），是由于本杰明 · 斯特朗领导的美联储将利率控制在显著低于较高的中间利率的水平之下造成的，当时的中间利率是对同期技术革命的反映。这次美国货币失衡同价格水平广泛稳定同时发生。德国是 20 世纪 20 年代末世界第二大经济体，其也在同一时期发生了严重货币失衡。

德国的货币失衡（性质完全有别于恶性通货膨胀）根据道威斯计划所规定的，德国马克对美元的固定挂钩（1924）。这使德国的利率无法符合较高的自然利率水平，这种高自然利率与战争和恶性通货膨胀之后出现的无限投资机会相一致。总体结果是，两个国家都出现了一个没有总体价格水平上涨压力的奇怪的信贷和资产泡沫。可是泡沫终将破裂，这就意味着货币过剩永远不会在商品和服务通货膨胀中得以表现。

在伊辛教授的发言中，未提到严重货币失衡的同时没有出现价格水平实际上升这种可能性。相反，伊辛教授大量提及“通货紧缩”的可能性。他在幻灯片中强调，需要有一个充分的安全边际防止出现“通货紧缩”的风险，因此修改了对价格目标的措辞。

伊辛教授没有评论显示他是否意识到货币主导的通货紧缩（由一个货币供应增长远远落后于货币需求，因而无法实现实际货币平衡的严重货币失衡引起）和种种货币推动的价格水平下滑（与贸易条件改善、劳动生产率加速增长和周期性波动等相关）的主要区别，而通货紧缩和价格水平下滑很可能是一个没有出现货币失衡的运行健康的资本主义经济的征兆。

货币框架的修补与扩展的描述在以下几方面引起了人们不安。也许最令人不安的是，欧洲央行正在从一个理想的货币政策框架渐行渐远，这种理想的货币框架认识到取得货币稳定的目标超越了对中短期价格水平变化的关注，并且的确这种目标能否取得可能被这种密切关注所破坏。

现在欧洲央行已经开业快五年了，本来希望这可以增强欧元区公民的信心，使他们相信新货币不再关注中短期价格水平变化。

可是政策框架重构比过去更加缺乏灵活性，而且更加关注中期价格水平特点（现在价格水平涨幅必须控制在接近每年 2% 的水平，不能明显低于这一数字）。

的确，欧洲央行在其成立大约一年左右的时间里追求过度宽松货币政策的失误（当然官方声明中未予承认）浪费了在欧元区居民中建立对新货币稳定性的信任的机会。尽管如此，还是取得了一些进展。

为通货膨胀设定一个含蓄的下限（同时设定一个上限）的创新暗示需要重新强调通货定标（尽管伊辛教授坚定地否认欧洲央行是通货膨胀目标的制定者），奥地利学派则认为这可能增加严重货币失衡的风险。如果实际变量的变化在推动价格水平的起伏（由于劳动生产率加速增长、贸易条件改善，或短暂周期性衰退），那么通过应对这些压力，欧洲央行将引发货币失衡（其中一个关键的最终征兆可能是资产价格通货膨胀或通货紧缩，伴随着所有相关资产配置失当和最终经济资源浪费）。

显然，欧洲央行与美联储伯南克和格林斯潘（和英格兰银行）持有相同的观点。他们都认为资产和信贷市场温度的波动不在关注范围之内，除非这些波动对通货膨胀目标有所影响。（这就是受到怀疑的伯南克教授“十大原则”的其中一个——参见布朗，2008。）

或许伊辛教授他有细微差别的见解和无意间吐露的言论表明认为货币稳定涉及的范围要远超出幻灯片的介绍。虽然（对于调查的人）有越来越多的证据表明信贷市场在升温，然而没有迹象显示这些保留意见会严重影响政策制定。

伊辛教授在介绍时不经意地暗示欧洲货币联盟架构中存在一个严重缺陷。他不仅仅通过普遍避免通货紧缩的危险（尤其是零利率陷阱），也通过在欧元区内提供相对价格波动边际，捍卫通胀下限（接近 2%）的政策。

在 2003 年的背景之下，伊辛教授间接提到的这个边际使德国经济（比起其他欧元区国家）经历了相对价格下滑，而未遭受实际“通货紧缩”的影响。这与普遍看法相符，即德国国内疲软的需求需要增强竞争力，这种相对于欧元区其他国家需求疲软是德国统一后的建设热潮和投资机会向拥有廉价劳动力的东欧邻国转移所造成的。因此，沿着返回总体平衡的路径，出口活力可以弥补国内需求的不足。

未来可能会有另一个成员国（而非德国）发现繁荣再现的路径，但条件是提升竞争力（相对价格水平下降）。例如，在某些可能的远期阶段，已经明显的西班牙建设热潮将告一段落。是不是伊辛教授在暗示 1999 年推高通胀（尽管引发欧元大幅贬值）的一个理由是担心欧元区当时 CPI 指数涨幅为每年大约 1%，这个水平对于不在德国实行通货紧缩，允许相对价格水平调整来说是不是太低了？

2003 年年初作出了抵制劳动生产率增长和周期性力量等引发的总体价格水平下滑压力的决定。进一步引申来看，这个决定的理由是继续避免德国出现痛苦的价格大幅下滑。愤世嫉俗者可能认为担心平衡的相对价格水平下滑会给德国带来痛苦，而如果这个国家变成西班牙——尤其是西班牙绝对价格水平小幅下降的推论将会导致德国绝对价格水平更大幅度提高，那么这个担心不太可能会成为欧洲央行（尤其是德国央行和德国前央行官员）要考虑的一个因素。

国际货币基金组织再次失误！
国际货币基金组织警告 2003 年欧元会出现通货紧缩

欧洲的通货紧缩风险，当然在此时的国际会议日程之内。国际货币基金组织发表了一个广泛讨论过的通货紧缩论文（《如何应对流动性陷阱下的通货紧缩：承诺不负责任》，高迪 · 艾格尔逊，2003 年 3 月 1 日）。国际货币基金组织研究部主任兼顾问肯尼斯 · 罗格夫写道：

> 我们的指标显示，不能完全排除通货紧缩的可能。同样，虽然德国风险更高，欧元区总体也可能会出现通货紧缩。利率和通胀率仍将保持在近 50 年或 50 年内全球较低水平，一个足够强大的负需求冲击可能会打破平衡并且造成全球范围的通货紧缩（2003 年 7 月 17 日）。

肯尼斯 · 罗格夫在其监督的一个专项任务小组撰写的研究报告——国际货币基金组织的《2003 年春季世界经济展望》中警告说：

> 德国存在高通缩风险，日本、香港和台湾都很容易出现价格加速下滑趋势。许多工业国和新兴市场经济体出现通缩的可能性明显增加。
>
> 国际货币基金组织作出的报告警告说很少会出现良性通货紧缩，并且通货紧缩很难预料。

理所当然地，伊辛教授在记者招待会上并未直接提到华盛顿的通货紧缩鼓吹者。伊辛教授冷静地说货币框架未作任何改动。目前通货膨胀下限的重要性非常明显，因为现实压力（周期性和长期的）可能会促使记录到的年度同比变化下降到新规定的下限之下。但是，同样的情形曾在1999年非常普遍——事实上比这更明显。

伊辛教授，你为什么碰到了这种麻烦？

在幻灯片结束之后的问答环节中，一位记者和伊辛教授进行了交流，这种交流真可谓是最肤浅、最沾沾自喜的。

问：伊辛教授，作出这个回顾，显然您费了好多周折，但您能否准确解释这会对您制定货币政策的方法有何影响吗？例如，这项政策是否使降息更容易一些呢？或者只不过是介绍一下而已呢？

伊辛：首先，这并不麻烦。虽然并不总是非常愉快，但是却很令人着迷。与我有着同样背景的人认为这是我工作中的挑战，并且同专家们的合作总是令人愉快。"麻烦"这个词显然是不恰当的。但是就像行长所言，即使我们像1998年那样作出同样的澄清，我们的政策也不会有什么不一样之处。所以我不期望，也没有理由期望会有一个基于澄清战略的不同货币政策，今天我们已经为此作出决策。

问：那这样做又是何苦呢？

伊辛：如果你已经结婚，而且已经过了四年的幸福生活，或许有一天晚上，你们坐在一起，面对一杯葡萄酒，思考为什么你们一直这么幸福：没人会说这样做有何意义的（一阵笑声）。

回顾中讨论了哪些问题，哪些尚未讨论呢？

我们将在庭审中更加详细地作出介绍（本书第四章）。但2003年春季，对于信贷和资产市场的升温，货币制定者应该如何作出反应——并且不必简单照搬美联储（或英格兰银行）的传统方法——这些很可能要提上日程。

此外还应对一个问题作出彻底审查，即通货膨胀率下限设定为略低于2%，以便抵御货币政策瘫痪的风险，而这样做是否有意义。

毕竟，在严重金融危机，或是深度衰退时期（或两种情况同时出现），无风险利率的最佳路径（以安全合理的方式迅速恢复至总体经济平衡）就是至少短期内将利率保持在−5%至−10%之间。如果此段时间的主要通胀率是1%至2%，由于通胀目标定为2%而非0至1%，那么与仍然执行的零利率限制依然相符，第一种情况的实际无风险利率就会下降至−1.5%而不是第二种情况的−0.5%。但是，这种差别真的非常重要吗？

当然了，在对货币框架的任何重新起草工作中，人们更关心的应该是重新审视通胀定标的整个问题。

这种重新审视不仅仅是用文字令人疲倦地去证明欧洲央行的框架不是与英国或者美国通货膨胀定标相关的那种极端例证。而且会有对奥地利学派或弗里德曼式通货膨胀定标或准通货膨胀定标（参见本书第1—13页）的观点的仔细研究。这些研究可以灵活地解释通货膨胀定标，将欧洲央行真实的政策制定过程纳入其中。还应对欧洲信贷和房地产市场热度上涨而出现的越来越多的证据重新进行审视。

什么警告信号正在闪烁呢？

2003—2004年已经出现明显的货币失衡信号

我们已经提到过M1（参见本书第58页）迅速增长部分是由于隔夜存款市场的再次繁荣（隔夜存款市场包括银行和非银行机构，但M1定义仅包括非银行机构存款）。此外，欧元区大型银行出现爆炸式发展。随后很久（2008年12月——决定性的信贷泡沫破裂之后）欧洲央行称其为大型综合银行团（LCBG）。

不要期望新任命的欧洲央行行长克劳德·特里谢（2003年秋季）会成为发现泡沫的先锋，尤其不清楚他是否卷入了复杂历史背景的法国里昂信贷银行巨额亏损案卷。在2003年春季的一次刑事审判中，他被宣判无罪。这次审判指控特里谢先生作为该行国营行业财政主管曾经发布不实的里昂信贷银行财务报告。毫无疑问，他这样做是受到了他的政治领袖财政部长皮埃尔·贝格伯和里昂信贷银行首席执行官之间紧密关系的影响（参见布朗，2004）。

欧元带来了欧洲金融整合的新时代，在这片狂喜中，扑朔迷离的事实远超过欧洲央行行长的问题。

欧洲央行官员（和伯南克教授）为欧元银行业的繁荣欢呼

一些美国“欧元朋友”看不到欧元信贷泡沫正在欧元驱动的金融整合表面的利好消息下形成。这其中之一就是本·伯南克教授。愤世嫉俗者会说他没能判断出美国不断升温的市场变化肯定表明他对欧洲的问题会犯同样的错误。的确，2004 年 2 月 26 日在华盛顿面向国际经济研究所的演讲中，那时作为美联储理事，他这样对他的听众说：

> 货币联盟的最大好处一直是也将继续是加强欧洲金融市场。传统上，这些市场的效率和范围一直受到成本和风险制约，而这些成本和风险同使用多种货币以及法律结构、会计准则和其他机构之间的国际差异引发的分割有关。考虑到金融市场中的贸易速度和贸易频率,即使是小额交易成本也会影响市场效率和流动性。共同货币通过不断努力协调金融规定和机构，已显著降低了这些交易成本。再加上采用共同货币（未提到具体指哪些）减少了单一国家的宏观风险，这种交易成本的降低已大幅提高欧洲金融市场的广度和效率。

毫无疑问，如果伯南克教授还会记着这些赞美之词的话，当美国和欧洲的信贷泡沫出现和破裂时，将会成为他众多窘况中的一个。正如安娜·施瓦茨要指控本·伯南克没有正确向她学习，也没有正确吸取米尔顿·弗里德曼在大萧条时期（参见赫什，2009）的银行危机史中的教训，伯南克在审视欧洲金融状况时似乎又在犯另一个错误。当然了，他的借口很明显，那就是他不能充分了解欧洲发生的事情。

可是那些了解欧洲情况的欧洲央行官员们又在干什么呢？

欧洲央行管理委员会成员格特鲁德·汤普古格罗在2003年6月30日发表的讲话——《祝贺意大利联合信贷银行首席执行官，欧洲年度最佳银行家阿莱桑德罗先生》中说道：

> 我今天真的很荣幸能够授予意大利联合信贷银行首席执行官阿莱桑德罗先生2002年度欧洲最佳银行家的称号（由“20+1”集团提出的奖项）。随着欧元的出现，欧洲实现了货币稳定。
>
> 三年时间就能断定实现了货币稳定吗？
>
> 我们现在应将注意力放在资本使用的效率以及其他领域。我相信欧洲在这个领域仍然面临着相当多的挑战。20+1集团提出授予阿莱桑德罗先生欧洲年度最佳银行家荣誉称号的一个原因是他成功地铸造了一个“强大、精简，但利润丰厚的银行”。我对针对高效设立奖项这个决定表示欢迎。确实，就分红而言，联合信贷银行在欧洲银行中是位列前茅的（更别提杠杆工具的收益）。欧元的使命是及时为欧盟成员国所有公民提供服务。因此，压倒一切的需要是进一步推进并完成欧洲金融整合进程。而这，仅通过政府当局是无法实现的，还需通过市场参与者自身的努力方可实现这一目标。在这方面，市场参与者有可能去实现与国际市场相关的更广泛欧元区带来的潜在规模效益。需要有一个欧元区金融体系内的公司管理市场，从而允许在所有金融领域创造泛欧成员。应更多地考虑边缘地区的整合，将这些地区的国家作为未来扩大后欧盟的潜在成员国予以考虑。联合信贷银行在波兰、捷克和斯洛伐克（2000年普罗夫莫先生斥资20亿美元并购4家东欧银行）的大量投资就突出地体现了按照与扩大后的欧盟相匹配的规模创建银行集团的行动。

格特鲁德·汤普古格罗对金融整合的热情是可以理解的，但她是否注意到她称作实现金融整合这一目标的榜样实际上可能是在表明欧洲金融市场的效率不高吗？尤其是股票市场过分奖励各个欧洲银行集团大胆扩张——为扩张提供手段，这是不是表明市场没有足够理性地注意到其他可能的启示呢？例如，西班牙和意大利的银行集团带头推动欧元区银行业扩张，由于与一些混合投资或上涨的杠杆比率和信贷市场升温相关的国内收益快速增加，这些银行集团是否能得到较高股票价格的回报？这些高股票价格继而正在推动接手缺乏活力且银行业务已经饱和的市场的银行吗？欧洲货币联盟建立之前，意大利和西班牙一直是两个高利率货币大国，在他们入盟时恰巧发生的利率崩溃引发了国内按揭贷款的繁荣。

而对于联合信贷银行，按照高市盈率发行股份，然后用募集资金收购一家低市盈率德国银行，这种套利机会是假的吗？——也就是低市盈率可能反映投资者对企业盈利前景，特别是德国和国外房地产贷款方面的盈利前景的合理焦虑。此外，联合信贷银行的高市盈率一直反映了市场没有正确评估杠杆在银行业务中的作用。对格特鲁德·汤普古格罗公平起见，实际上 2005 年才出现大合并。这时联合信贷银行向德国联合抵押银行（HVB）和该行奥地利和波兰的子公司（奥地利信贷银行和波兰 BPH 银行）提出了总额 230 亿美元的全股票收购报价。联合信贷银行以每一股 HVB 股份换取 5 份新股的方式并购 HVB。

格特鲁德·汤普古格罗已经略微提到的实际问题之一就是向东欧加速扩张。越来越多地被称作“狂野的东欧”中的利润是引领良性整合过程或者引进美国次级贷款（在这种情况下，这些麻烦的贷款主要是以瑞士法郎借支）的成果吗？可是这些成果是建立在非常微薄（高度杠杆化）且有朝一日会出现严重问题的股本资本基础之上。

欧元银行业帝国的缔造

在大多数情况下，欧洲新的大型银行迅速扩张的同时，每次都会出现一个英雄，这个英雄以其敏锐的判断力成为金融世界的一个名人。正如在对冲基金领域，景气的市场，甚至已出现泡沫的市场是展示人类天赋的领域，银行业也同样如此。《经济学和金融学杂志》的一篇文章（2007 年 2 月 19 日）提到阿莱桑德罗·普罗夫莫的目标就是建立一个欧洲花旗银行，同时争夺世界上最大的印度和中国市场。“阿莱桑德罗·普罗夫莫特有的积极进取的商业风格像是朝着意大利银行家们兜头泼下一盆冷水”。

西班牙国际银行是同欧元一起崛起的一颗全球明星。塑造这颗明星的英雄人物是埃米利奥·博廷。《福布斯》的一篇文章（2005 年 3 月 14 日）写道这个亿万富翁现在已实现了其毕生的梦想，将祖父经营的地区性小银行发展成了一家国际大银行。这家银行从资产规模来看是拉丁美洲最大的银行。在成立欧洲货币联盟后的 6 年内，该行实施了一系列大型并购，最终在 2004 年以 150 亿美元收购了英国阿比国民银行（欧洲最火热的信贷市场之一。西班牙的一家银行收购世界上最火热信贷市场英国的一家银行，有比这更不正常的吗？公平起见，股票市场已作出判断，收购的同时西班牙国际银行的股价下滑大约 10%，但这并没有使博廷退缩——有趣的是，是帝国缔造的高管而非火热的金融股票市场推动了金融扩张，这或许就是欧元官员们大加赞许的“欧洲金融一体化”！

缔造金融帝国和欧洲银行集团的迅速扩张这种现象并不限于欧元区（其他例子包括德意志银行的约瑟夫·阿克曼和富通银行的让·保罗·沃特隆）。英国和瑞士的银行集团在这个过程中表现得非常出色。在每个并购案例中，都有一个极具个性的人物，比如苏格兰皇家银行的弗雷德·古德温、瑞士联合银行的马赛尔·奥斯佩。

有可能在解释缔造这些金融帝国的案例时将欧元的启动确定为关键因素吗？或许在这个方向可以为英国作出一个论证。因为多亏欧洲货币联盟，苏格兰皇家银行才可以进入飞速成长的银行间存款市场（在此市场募集的资金由欧元兑换成英镑）。苏格兰皇家银行通过欧洲货币联盟的贴现便利使其业务更加流畅，并已成为繁荣的西班牙房地产市场的一个主要参与者。而在某种程度上，这个市场本身就是欧元的一个产物。

即使欧洲央行的高级官员们对信贷升温保持警惕，但不管是在欧元区内部，还是在其边境地区缔造金融帝国，其本身都不会在欧洲央行内发出危险的信号。鉴于美国银行业（包括投资银行领域）已经进入一个高效和高利润（以及隐性杠杆！）的勇敢新时代，与之相比，欧洲银行业已经落伍了，因此，人们普遍认为甚至在欧洲货币联盟启动之前，货币一体化也将推动更大银行集团的形成，而这并非是什么坏事。

后来国际清算银行的威廉·怀特以其在超国家机构中独自警告通货膨胀定标的危险而闻名。1998 年，他曾就未来 10 年推动欧洲银行业整合的力量（包括欧元）撰文。不过，显然他并没有对此毫无保留地表示欢迎。他警告这种发展会对那些关注维持金融稳定的国家监管人员和其他政策制定者提出挑战（参见怀特·威廉，1998）。

欧元金融一体化掩饰了信贷泡沫

更普遍的是，对于欧元的启动和货币联盟的演变将如何加快欧洲金融一体化的良性进程有一种普遍的乐观主义。欧洲金融一体化即使是对于最精明的政策制定者或市场参与者来说都很难意识到，过去一体化所经历过的许多事情实际上是一个新的信贷泡沫。不过，一些分析家甚至在很早就已觉察到这一点。

例如，2001 年 7 月加布里埃尔·加拉茨和科斯塔斯·特萨特萨诺尼斯已经注意到快速增长的欧元银行间市场的一些升温特征（更加严重的非理性繁荣）。但是毫无疑问地，由于将欧元主导的一体化的成功与泡沫危险区分开来有着压倒一切的困难，他们没有按响警铃。

在这篇文章中，作者提请注意欧元计价发行的公司债券的繁荣和与此相关的1999—2000年全球并购浪潮。债券提供了一种灵活和有吸引力的金融交易手段。具体到欧洲市场则是与电信行业相关的资本投资和企业交易融资。单一货币对这些发展的贡献是以扩大投资者投资组合范围的形式体现。（与欧元诞生前多次发行一种国家货币或更多种国家货币债券，同时又需要一系列复杂货币换汇交易的替代方式相比较）。这种投资组合可以通过发行一种单一货币的债券，来降低资本市场融资成本。作者还注意到银行以欧元计价发行债券——60%欧元计价债券，并且每股比美元市场高出将近一倍。值得注意的是，作者强调了德国银行大量发行德国抵押债券，也强调了欧洲央行接受回购交易中的抵押票据的决定对于他们成功的重要性：

> 德国银行销售抵押债券的成功，继而扩大融资工具范围，这些都促使许多国家近年立法支持创立类似资产担保证券。

如同许多投资者一样，欧洲央行未能识破信用评级机构贴在这些资产担保证券上容易引发误导的AAA评级标签。不过，如何在贯穿21世纪第一个十年的中早期不断升温的欧洲信贷市场的年表中，欧洲央行官员未充分理解或明白这一现象事情也就到此为止。

是的，遗憾的是，尽管有全部可用信息通道——超过普通投资者在股票市场上可用的通道——这些官员还是没有更好地避免落入泡沫识别的陷阱，而这个泡沫就隐藏在符合他们意愿的欧元主导的金融一体化包装之下。不过，他们可能会辩解其他机构的官员有更多的责任作出这样的诊断，并且应以各种方式采取行动（尤为重要的是那些本来可以将其完全告知投资大众的方式）。

欧洲央行官员忽视了欧元银行美元贷款的爆炸式增长

"推卸责任"当然不会减少欧洲央行的责任。那时该行没有明确关注所谓欧元驱动的金融一体化为经济稳定和长期繁荣带来的可能影响，也没有明确关注欧元未来存在危机的危险，即欧洲信贷市场会出现猛烈的泡沫及泡沫破裂的后果。

没有任何言论或刊物证明这些年来任何欧洲央行高级官员发现国际美元贷款会出现爆炸式增长的现实或风险，这些贷款在相当大程度上来自于受不稳定来源（如美国货币市场基金或货币掉期）资助的欧洲银行。实际上，公平地讲，仅仅 6 年之后，也就是在那次事件之后很久，国际清算银行在 2009 年 3 月的评论季刊中发表了两篇对当时现状进行分析的卓越文章，分别是：《世界银行业中的美元短缺》（帕特里克 · 麦克吉尔，彼得 · 冯格茨）和《美元货币市场基金和非美国银行》（芭芭、麦考利和雷马斯瓦米）。

是的，多年来（从 21 世纪初开始）的美国国际收支统计数据突出显示大量外国资本流入美国非政府债券，而欧洲国际收支统计数据却显示大量资本通过银行业出现外流。不过，在某种程度上，总是有借口说众所周知，国际收支统计信息是非常不可靠的。虽然欧洲央行的统计学家们（以及欧盟统计局和国家国际收支统计办公室的同事们）已进行了英勇的尝试，汇集和发布欧元区内的国际收支数据，但是误差和遗漏的波动相对于报道的总计是如此之大，谁还会对他们似乎要传达的现在世界资本流动类型中的风险的尝试性消息抱有任何信心呢。

然而，奇怪的是，欧洲央行充其量在 2003 年及以后（至 2006 年）在国际会议上大声指责美国国际收支赤字，并且高声指出低存款是严重危机的可能根源，而欧洲央行却意识到导致美国信贷市场转暖（低存款是其中的一个特征）的一个主要推动力来自欧洲信贷市场（尤其是许多欧洲银行资产负债表外业务）。

至于东欧出现的贷款热潮，欧洲央行的观点（如前面所讲的格特鲁德 · 汤普古格罗的观点——参见本书第 34 页）是伴随着欧盟的扩展及最终欧元区扩展至“狂热的东欧”而出现的一个良性发展。实际上，法兰克福欧元塔的官员戴着有很强偏见的欧元眼镜。这些偏见使他们看不见中欧和东欧不断增长的次级贷款的过热景象（实际上以瑞士法郎或欧元计价的麻烦的贷款）和与此同时出现的建筑和房地产泡沫。相反，官员们看到了经济联盟的良性发展。

欧洲货币联盟的缺陷阻碍货币警告的发出

退一步想，假设我们同意法兰克福的主要货币官员因为某种原因对欧洲或世界信贷市场的任何真实发展仍然知之甚少。不管怎么说，审慎货币控制体系在正常范围内就没有指标了吗？这些指标本该亮起黄灯或红灯，那些官僚本也应该通过调整货币政策对此作出反馈，从而控制信贷市场的温度。

让我们回到货币结构缺陷上来，这种货币结构是在1998年末仓促设计的，然后在2003年通过很少量的“横向思维”加以修订。假如欧洲央行一直执行一个不同于美联储的健康货币体系中的框架，那么结果肯定会比不这样做要更好。

如果无风险利率等于或者低于非衰退期或非风险环境中的当前利率，那么肯定会引发货币利率已远远下滑到中间利率水平之下的怀疑。而且执行欧洲央行引入通货膨胀政策的其他主要央行本来将会看到欧洲央行正在引发全球（信贷泡沫的）危险。欧洲央行本应对此保持高度警惕。

特里谢沿用法国外交政策，攻击亚洲美元集团

尽管位于欧元塔的全部温度警报系统仍然没有对欧洲信贷市场开启，但是就货币市场而言，情况并非如此。欧洲央行在2003年年末却警觉起来，这时只要它向市场引入通货膨胀的速度慢于伯南克或格林斯潘领导的美联储，那么欧元对美元汇率就开始不可避免地走强！欧洲央行行长特里谢在美元的贬值中无意间扮演了一个不同的角色，他（在2003年秋季迪拜峰会上——参见本书第33页）亲自联合华盛顿攻击亚洲美元集团。特里谢认为此次攻击会使美元兑欧元走强，对日元和人民币下滑。

欧洲央行官员（以及长期投身于推动货币多极化的巴黎经济

外交人员，货币多极化是法国外交部奉行的削弱美国霸权的重大使命的一部分）投身东亚冒险之旅，发布演讲论述为何东亚货币升值空间仍然很大，以及美国应该通过更多存款支持美元兑欧元汇率走高（完全不清楚采用什么机制，但可能通过局部平衡分析的某个变量降低美国经常性账户赤字），但此时欧洲央行却沉默得令人恐怖。来自美国的一轮糟糕的货币失衡危险正迫在眉睫，应该对此发出警报信号。

让我们回顾一下欧洲央行自己编写的年表，看看自 2003 年中期到 2005 年中期这段关键的时期，美联储将通货膨胀引入美国时，这些官员实际上到底在干什么。欧洲央行在年度审计中将这一时期称作《第四阶段——主要欧洲央行利率没有变化》。

为什么从 2003 年中期到 2005 年中期欧洲央行的利率没有发生明显变化

年表编写者们未对此加以评论，却公布了一个奇怪的事实，即这个长期极低利率阶段刚出现（于 2003 年下半年）经济就开始了复苏。2004 年上半年，实际 GDP 季度同比平均增长 0.5%，是自 2000 年上半年以来记录的最高利率。欧元区外部经济增长依然强劲。在欧元区内部，适宜的金融环境、强劲的企业收益和商业重组提供了一个积极的投资环境。

经济活动扩张在 2005 年上半年经历一定程度的放缓之后，在下半年重新蓄势待发。那么为什么在这个时期真正等同于欧洲央行固定的零风险利率仍然维持在较低的水平呢，尤其当欧洲央行分析框架的货币支柱如果不是发出红色警告信号而是发出黄色预警信号时。

编写者们声称，尽管 2003 年下半年和 2004 年初整体 M3“显著温和”增长，但是这些系列文章对预期投资组合变更冲击作出校正，认为整体 M3 在这段时期继续持续温和增长。此外，2003 年下半年，私企贷款年增长率出现增长。无论如何，自 2004 年中期起，整体 M3 增长加速了。自 2004 年中期开始出现的强劲信贷和货币扩张表明欧元区当时盛行的极低利率产生了刺激效果。

最终在 2005 年 12 月，欧洲央行决定将回购利率尝试性上调 25 个基点（至 2.25%），这暗示未来将不太可能推出进一步紧缩政策。但是 2006 年，欧洲央行每次都小幅提高 25 个基点，显然该行越来越进入"紧缩模式"，最终到 2007 年中期达到 4% 的水平。

在执行极低利率的时候（2005 年 12 月及以后）欧洲央行首席经济学家伊辛教授在思考什么呢？

我们从 2005 年 10 月他在欧洲央行一次座谈会上的发言中可以发现一条线索（央行能从货币和信贷总额中学到什么）：

> 在金融史上，资产价格的大幅增长常常伴随着财政和/或信贷的强劲增长。这种经验关系表明货币和/或信贷总量可以是可能出现的资产价格"泡沫"的重要指标。因此，任何央行维持中期宏观经济和价格稳定的手段都是至关重要的。人们认为 2004 年中期开始的货币供应加速增长与 2001 年到 2003 年期间（投资组合变更非常重要时）观测到的增长的性质是不同的。从另一方面看，人们认为强劲的货币增长和私企贷款需求增长相关，而不是与外资流入境内相关。从构成来看，更高的 M3 增长是由其极富流动性的资产所驱动的，并且和较低利率对货币动态的明显冲击相关。更强的货币动态再也不能被认为是反映了金融和经济不确定性的提高，这种不确定性自 2003 年以来已经恢复正常。由于本质上 2004 年中期开始的货币增长加速看起来比 2001 年到 2003 年的增长更具有基础性，那么强劲货币发展终会找到更高价格之路的可能性一定是要高得多。此外，欧元区流动性丰沛，在这样的背景下，强劲货币和信贷增长预示着会出现失调现象，因此需要密切监控资产价格变化，尤其是住房市场。

毫无疑问，这条引言表明伊辛教授注意到货币膨胀之中的经济和金融稳定可能存在坏消息。但是房产价格或其他资产价格变化本身是否是政策方向修改的原因。还是到目前为止，这些变化和中期价格水平可能变动之间可以建立起联系，这些（在发言中）没有明确表明。

而且，发言中没有一丝紧迫感。伊辛教授在2005年秋季发表这个演讲，然后静等结果出现，而两个月后利率出现小幅提高（25个基点）！可用指数显示，西班牙和法国（和一些小国）的住房房价已经提前透支了未来两年或者更长时间的涨幅（按照即使是不超过美国凯斯—席勒（Case-shiller）住房价格指数的势头，但也是类似的势头）。尽管令人感到不安，但是这些信号并没有表明这次情况计划中的货币进程有何显著影响。

住宅房地产市场的发展很有可能是2005年12月决定将利率调高25个基点的背景因素，但是真正对当时的现状进行认真分析后，我们会发现欧元区中间利率已达到每年4%—5%的水平了吗？

第二年，固定回购利率从一个极为轻松的水平慢吞吞地增长至仍然远低于中间利率的水平，这恰好引发了更严重的金融和经济失衡。此外，伊辛教授的发言或文章中未提到的一个重点是整个欧元区，甚至德国本身的信贷市场升温（不是面对德国居民，而是面向德国银行向非德国贷款和其他资产的强劲扩张）。

2005年将利率更大幅度地提高200个基点阻止信贷泡沫的出现了吗

伊辛教授或者其他央行官员应受到指控，即货币政策尤其应对后来欧元或全球泡沫的形成和破裂负责。他们对此的辩解可能是他们会质疑为什么说将货币市场利率提高200个基点，甚或300个基点就可以产生关键的差别。这个问题，我们将在审判那一章（本书第四章）详细讨论。现在，我们暂时的答复是："是的，会造成显著区别。"

为什么呢？如果世界投资者，尤其是欧元区投资者利润能够超过每年4%（名义利率），而不是2%或者略多一点这样的低水平，他们肯定不会那么绝望地掉进纽约、伦敦、法兰克福，或其他央行的金融创新专家们或明智或不明智推出的陷阱中，从而去试图获取收益。当具有流动性的透明票据有很好的收益时，为何要买没有流动性且不透明的票据呢，尽管这些票据都贴着3A评级标签。而且，本来不会有一大群排队借钱的贷款人准备好去发行好多情况下已被各种数量的隐性或部分隐性杠杆利用的票据，除非当前利率水平（包括低风险和高风险信贷的利率水平）远低于均衡水平。

各种类型的信贷票据商将不会销售这些票据，除非在远低于中间利率的刺激下，外部实际经济活动强劲增长，同时房地产市场充满活力！

假如始终不断公布破产消息，杠杆风险是不可能一直被掩盖下去的。金融中介机构在股票市场兜售高风险票据，有时，这些机构自己买入这些票据，而如果利率更加接近中间水平的话，股票市场是不会如此火热的。

总而言之，欧洲央行重复了和美联储完全一样的错误，在将无风险利率标准朝着中间利率水平上调时，动作慢慢吞吞。对于大西洋两岸的固定利率支持者来说，这是一段疯狂的时期。

如果欧洲央行有别于追求固定利率、（准）通货膨胀定标并引入通货膨胀的美联储，那将是多么伟大的壮举啊！但是，事实却并非如此。欧洲货币联盟大肆宣传的观点，即新货币会如何抵御“盎格鲁—撒克逊”的货币冲击，最后证明是骗人的。

欧洲央行官员在其成立十周年货币政策报告上绝对没有提及这次失败。这次失败的始作俑者很有可能（的确可能）对其完全视若无睹！

2006至2007年上半年宽松货币政策的退出

年表编写者们进入下一个历史阶段，副标题是“第五阶段——（自2005年底以来的）宽松货币政策的退出”：

自2005年年底，管理委员会将欧洲央行主要利率累计提高了

200 个基点。到 2007 年 6 月底，把欧元体系主要再融资业务的最低拆入息率提高至 4% 的水平。这种对宽松货币政策立场的调整是有道理的，目的是应对经济和货币分析中确定的价格稳定风险。至于价格，由于受到国内需求的推动，平均年通货膨胀率在 2006 年为 2.2%、2007 年为 2.1%。在这两年，主要由于油价的上涨，整体通货膨胀率出现明显波动。2006 年，由于能源价格大幅度提高，价格上涨趋势一直延续到 8 月，而在余下几个月内，年通货膨胀率下降到 2%，这主要是源于油价大幅下跌和基数效果。直到 2007 年第三季度，年通货膨胀率的走势仍然和欧洲央行价格稳定定义相符，部分是因为一年前源自能源价格趋势的有利基数效果。

总而言之，百年一遇的信贷泡沫在全球经济体内形成，而欧洲银行系统可以说位于泡沫的中心，这次泡沫的主要原因是欧洲央行和美联储引发的货币极度失衡。这一时期的货币批评家在阅读政策制定者们的笔记时不禁想到了卡夫卡小说《审判》中的约瑟夫 · K 检查法官记录时的情景——他发现笔记全是胡乱涂鸦（这种情况是非常下流的）。

就在泡沫破裂之前，欧洲而非美国首先感受到了信贷市场大动荡（2007 年 8 月）的冲击（完全出乎欧洲央行的意料！），同时欧洲金融股票市场也出现了最大的疯狂。这就是接管荷兰银行的战斗。

并购潮：接管荷兰银行的战斗

这个传奇始自 2007 年 2 月 21 日，这使专门通过推动公司控制变更寻找获利机会的英国对冲基金 TCI 请荷兰银行监事会主席积极调查该行兼并购或解体的可能。该基金声称当前股票价格没有反映出其基本资产价值。因为 TCI 在该行拥有的股份虽然是少数但达到关键比例，其提请主席把他们的请求列入年度股东大会议事日程（4 月）。4 天以后，荷兰报纸《NRC Handlesblad》引述荷兰中央银行行长韦尔林克博士（因此也是欧洲央行政策制定委员会成员）的话说道，对冲基金倡议银行破产，这是史无前例的。韦尔林克警告这样做的反响可能会超出事件本身：

银行与其他上市公司是不同的。对我们来说，那是一座过于遥远的桥梁。

显然，韦尔林克行长没有得到公众的支持，虽然没有证据表明他要求欧洲央行的同事们给予支持！同时TCI公开引述不包括分红，自2000年5月以来荷兰银行的收益已经为零，而欧洲其他银行的收益率却达到44%！这家银行因循守旧，没有充分参与投资银行活力十足的投资机遇，同时TCI决心推动该行改变经营方向，从而获取收益。花旗集团首席执行官（2007年夏初）曾经说过一句名言：当其他人都在跳舞时，你就得站起身来，一同跳舞。TCI认为荷兰银行却未这样做。通过推动该行参与进来，TCI将从中获益。

剩下的就众所周知了，巴克莱参与了竞价，但最后由三家都已深陷欧元和世界信贷绝对中的欧洲银行，西班牙国际银行和苏格兰皇家银行，组成的联合银团提出优越的现金收购而胜出。他们都享受全球股票市场的估值，而这种估值是建立在对投资银行无休止快速增长的利润（虽然苏格兰皇家银行会就一些之前的情况对该行首席执行官的激进扩张计划出现周期性不安）的高度信心以及没有觉察到实际杠杆的风险之上的。

那些收集现金、抵制住诱惑没有参与购买其他金融股票的荷兰银行的股东是大赢家。最大的输家是英国、荷兰、比利时和卢森堡的纳税人，最终他们选择拒绝为援救这家银团中的两家银行（苏格兰皇家银行和富通银行）买单（大约一年后），当然也不会为在接管荷兰银行中挥霍资本的银团股东（和某些债券持有者）买单。

假如金融股权市场有效运行，那么收购是不会发生的。因为可以正确预测出伴随欧洲高度杠杆化的大银行的巨大贴现风险（总的来说，监管者忽视了关注杠杆工具，相反他们关注的是有缺陷的国际清算银行的银行风险测量系统，这个系统被普遍称作《巴塞尔协议Ⅱ》）。

事后看来真是令人无法相信，富通股东投票赞成收购竟然就发生在严重信贷危机前夕。尽管荷兰银行首席执行官莱克曼·格勒宁克向富通银行股东作出不祥的警告（载于荷兰《财经日报》），银团竞标成功将进一步加重对富通股价的影响，因此富通股东应该投票反对，可是 90% 压倒性多数股东投票却赞成接管。虽然已经听到全球金融市场即将大动荡的传言，但是这显然未对股东产生任何影响。更令人难以置信的是，接下来的星期五（严重信贷危机爆发之后），苏格兰皇家银行的股东也批准了这次并购。

一年多后，两家银行股东的投入就血本无归。的确，大家都知道这句谚语，上帝要谁灭亡，必先使其疯狂。虽然这个毁灭的推动者——TCI 一直对这家银行笑容可掬。而更大的问题是这次疯狂并购所引发的政策问题。

首先，有一个普遍观点，即疯狂只会在极端货币失衡的环境中发展，例如大西洋两岸执行通货膨胀定标政策的央行所创造的环境。

其次，如果欧洲央行一直在承担监控信贷市场升温可能带来的危险，并且准备利用包括但不限于其固定欧元体系隔夜利率的工具，那么这种疯狂发生的可能性本来会加倍降低。

最后，尽管所有高效资本市场和实验证据的文献都支持这个假说，即极度疯狂显然已经成为全球股票市场的核心要素（人们未能发现市场信息，包括严重信息不对称和没有充分的理由鼓励调查记者或分析师探索和发表他们的新见解。基于这些，是可以拒绝“疯狂”或无效率的假说的）。

至于最后一个观点，一个合理的假说是，不仅是欧洲央行官员，也包括股市投资者都一直沉醉在金融一体化的美妙音乐以及潜在效率（和收益）之中，以致他们对基本商业模式已经不再具有批判精神，也无法看到在已经获得的银行收益之后风险正在不断增加。三家竞标银行的股票价格当时都处在最高点，这表明他们未加批判地赞同继续在全球信贷市场的欧洲制造的环境（西班牙抵押贷款的繁荣、东欧信贷、英国商业和居住房地产抵押贷款繁荣、私募股权的繁荣）以及与此相关的风险中（包括那些杠杆工具带来的风险）赌博式地攫取利润。

（虽然不是全部）但是有些（最）疯狂行为可能发生在即便

是欧洲中央银行货币政策最清醒的前几年（包括 2007 年）。毕竟 1905–1907 年在没有中央银行的情况下，也曾出现过巨大泡沫，随后也出现了严重的恐慌（参见本书第 96 页）。即使在那时，也存在着众所周知的货币破坏因素，但那时的破坏因素没有个性化，也没有机构化（相反，与金融发明相关的黄金的发现和向高能货币需求的转移，连同旧金山大地震发生后对自然利率水平不确定性的关注，这些发挥了主要的货币作用）。在 2007 年 8 月严重信贷危机之后的几天，对欧洲新央行及其美国同行如何采取行动来减轻危机影响有许多猜测，也有很多期望。这时，几乎没有人能够想象欧洲央行连同美联储和英格兰银行各自按照自己的方式竟然将情况弄得如此糟糕。

3

泡沫破裂

大西洋两岸的货币政策引发了全球信贷泡沫（2003 年 7 月）及随之而来的泡沫破裂，也许这些政策尚且不足以称之为“灾难性的”，但相距“灾难”又有几步之遥呢？关于“灾难”本身的定义与理解，仍将会是一个长期讨论的历史性争论话题。

从 2010 年这一年来观察，21 世纪前十年发生的与货币混乱（尤其是在美国和欧洲）相关的全球混乱和困境（无论在经济、政治还是地缘政治方面）——如果可以这样描述的话——似乎比大崩盘和大萧条时期（如 1929—1935 年）的程度较低。20 世纪 30 年代的货币民族主义极大程度地导致一系列可怕的欧洲政治和地缘政治事件，而现在还没有出现相同程度的货币民族主义。这样比较并不非常恰当！

欧洲难道还会比欧洲最大的经济体（德国）当年的遭遇更加糟糕吗？德国或许经历了现代史上最为严重的信贷和房地产泡沫与破裂之后的阵痛，痛苦地体验了极度紧缩的货币政策，而此时在（1929—1931 年）大萧条已经出现的情况下，德国的政策制定者（甚至是主要外国资本的好心的政策制定者）几乎完全无视本国货币（德国马克）贬值或浮动的可能性。

即使保持警觉，考虑到德国对道威斯计划（Dawes Plan）的承诺，到这一步仍有很多障碍。道威斯计划是 1924 年由美国发起制定的一项条约。根据该条约，为了稳定恶性通货膨胀之后的德国货币，魏玛共和国获得一笔国际贷款，重新制订赔款计划——从而维持马克和金元之间的固定平价（参阅布朗，1986）。

在德国陷入困局的同时，另一个欧洲经济大国（英国）实施了损人利己的货币贬值政策（1931 年 9 月），使其他很多执行金本位制国家的信心严重受挫（法国是一个重要的例外，该国在 1926 年 8 月以极低的汇率水平恢复金本位制），特别是美国最为严重。

然而，现今货币动荡（或灾难？）重复了早期的货币灾难。对于坚信人类会不断进步的人们而言，这种货币动荡是如此可怕，如此令人烦恼。在米尔顿 · 弗里德曼 90 寿诞聚会上，美联储主席的一位著名货币经济学教授曾说，全世界永远再也不会重犯大萧条时期的货币政策错误了。人们有充分的理由质疑这名教授是否从那些错误中吸取了教训。

美国和欧洲没有取得货币政策的进展吗

这名教授（本 · 伯南克）曾经是扩张性货币政策（引入通货膨胀）的主要支持者（这可追溯到 2003 年）。这种货币政策首先在制造泡沫中起了关键作用（即使这应该是艾伦　格林斯潘任期时的责任）。事实上，针对美国 20 世纪 20 年代在纽约联邦储备银行行长本杰明斯特朗领导下的货币政策，“新奥地利学派”提出了许多批判性意见（参见罗斯巴德，1972）也可以用来批判格林斯潘 – 伯南克的美联储。

当真正的动力（技术改革和贸易条件改善引起的劳动生产率增长）对商品和服务价格的均衡水平产生影响时，美联储则正在为促成价格水平的稳定或温和上涨创造各种条件。美联储这么做的结果导致了货币严重失衡，主要症状是信贷和资产市场的急剧升温。

其他批评家们，尤其是约翰 · 泰勒（2009）强调忽略货币规则（他正是因此而出名的——所谓的泰勒规则）——比米尔顿 · 弗里德曼的规则复杂得多——是如何埋下了危机的种子。然后，与米尔顿 · 弗里德共同编著《美国货币历史》的合著者安娜·施瓦茨则认为，伯克南教授将2007年夏季爆发的危机误判为流动性危机（类似1930年秋季），事实上这是一场破产危机（在1929—1933年时期，弗里德曼和施瓦茨将其看作实际破产问题，只不过在大萧条时期很晚才爆发）（参见施瓦茨，2009）。由于没有可用的紧急方案来应对雷曼公司面临破产的威胁，这次误判导致了2008年9月中旬那个致命周末的出现。约翰·泰勒为支持这一观点提供了更多的重要证据（参见泰勒，2009）。

最终，批评周期性微调的人指控伯克南教授，认为他犯了比饱受批评的本杰明继任者乔治 哈里森更为严重的错误（参见梅尔泽，2004）。在1929年10月华尔街大崩盘后，哈里森没有采取措施阻止对无风险利率（包括国债和短期政府债券利率）立即下跌到实际到零的水平。联邦储备银行当时已向银行系统提供了足够多的存款准备金（相当于扩大基础货币的供应）。

后来，美联储为了遏制住无风险利率大幅下滑至零，向最弱的银行提供了一种新的对冲贷款，同时出于实现准通货膨胀目标的考虑，试图阻止利率总体水平下滑。事实上在2008年10月初金融恐慌最严重的那段时期，美联储主席伯南克令人难以置信地宣布了一个创新想法，即向存款准备金支付利息，目的是严格控制无风险利率，避免无风险利率跌落至官方默许的目标范围之下。

然而，无论美国重复的错误（20世纪20年代末和30年代初的错误）有多么棘手，都不如欧洲的情况更糟糕。如同美国发生的情况那样，欧洲央行的政策制定者们推崇准通货膨胀定标（即设定准通膨目标战略——译者注。没有欧洲央行官员会承认这一点！），他们无视实体的（非货币的）力量（比如劳动生产率增长、贸易条件的改善或者经济周期的动态），而这些可能会价格水平下降。同时这些官员根据原则，对任何程度的货币自动导航都持怀疑态度，或者不感兴趣（鉴于欧洲货币联盟的新鲜感和成员国之间经济条件的广泛多样性，这有一些道理）。

欧洲央行的官员们显然没有对来自美国的金融和经济危险保持

足够的警惕(如果有的话)。即使欧洲货币联盟的第一个重要理由是，在美国货币冲击出现之前，联盟就已更大程度地保护了成员国的利益！尽管美国货币失衡最终引发了没人希望看到的2003—2004年间的欧元对抗美元，欧元塔内已有的用来侦测现在或即将到来的美国货币冲击的任何可能的警报系统都失灵了(参见本书第36至37页)。

确实，法兰克福有（货币政策总体效果很差）借口说仪表盘不可靠（货币联盟是新成立的，难以用M3数据解释），并且要使一项政策适用于联盟所有成员国比较困难，因为联盟要比美国更具有区域多样性、灵活性更差（不管是相对工资、相对价格或者区域间劳动力流动)。虽然那是一个欧洲货币联盟成员国自己造成的问题。已批准入盟的民主国家一定认识到了要实现潜在利润需要付出的巨大代价（尽管一些耍嘴皮子的欧元商人可能不会提出这个问题！）。

赞成的选民（截至目前为止要取得他们的支持）不可能想到（就如同针对小概率事件一样肯定）的是，政策框架错误和以后要出现的货币政策制定失误有多么严重。这两个错误都出现在全球信贷市场升温，后来又开始急剧下降的时期。是的，这些错误与美国的错误很相像，最终造成的影响却更严重。这些是发生在我们要讲的故事之前的事情。

2007年夏季的信贷震荡

随着8月9日银行间同业货币市场的突然失灵，后泡沫时期的那些货币政策严重失误的故事于2007年夏季开始出现。约翰·泰勒将货币市场的失灵比作货币市场罕见的事件(参见泰勒，2009)(两个出色的危机大事记，参见乔丹，2008和布兰纳米埃尔，2008)。

法国第一大银行——法国巴黎银行，8月9日发表了一篇公告之后立即导致了货币市场的失灵。公告宣布暂停从三个投资基金赎回，因为美国次级住房抵押贷款造成了信贷市场的动荡，如果现在赎回就不能公允地为这些资产定价。(截至月7日）这三只基金资产达16亿欧元，其中三分之一是评级为AA或者更高评级的次级担保证券。该公告是在贝尔斯登公司前几天发出停止类似基金赎回交易公告之后发布的。8 月 2 日德国的德国工业银行已透露该行遇到了麻烦，因为该行在美国次贷中的投资作为投资工具在资产负债表外核算。

2006 年美国房价攀升到顶峰之后，市场参与者越来越清楚地认识到，随着潜在的资金缺口越来越令人担忧，不久就会出现日益增多的无力偿还次贷的借款人。2007 年初次贷抵押证券的价格开始松动。

自 2007 年以来，次贷市场的恶化开始影响到人们对相关结构性金融产品的信心。2007 年 7 月，突然对信贷风险普遍进行重新评估，重新评估的范围超出了住房抵押贷款产品的范围。信贷衍生产品市场中的信贷利差开始扩大，尤其是那些风险较高的信用产品（不管是抵押贷款，还是向非金融机构发放的杠杆化贷款）。在美国银行业内，每天的金融新闻头条中充斥着关于美国国家银行（Countrywide Bank）——家加利福尼亚的激进的大型住房抵押贷款人——的情况不断恶化（股价下跌）的消息。

所有这些都形成了 8 月 9 日早上欧洲银行间同业货币市场突然大范围地“失灵”的背景。造成这种现象的催化剂是许多欧洲银行在美国次贷市场中存在巨大风险敞口（迄今一直被掩盖），尤其是通过资产负债表外投资工具（所谓的结构投资工具）在所谓的资产抵押商业票据市场上为自己融资的部分。

2007 年 8 月 9 日
欧洲央行对货币政策失灵的恐慌作出反应

在布列塔尼度避暑别墅内，对欧洲货币市场的失灵保持警觉的欧洲央行行长特里谢先生，似乎与电话会议上的同事们有着相同的观点，即这是一个巨大的流动性危机（对于他们讨论的情况，没有有力的证据，除非在欧洲货币联盟内部发生革命性变革，否则官方保密规定意味着将来也不可能发现相关的证据）。

一些传闻的证据表明，德国央行在发起并协调对货币市场失灵的初步应对方案中，扮演了主导性角色。之所以这样做，部分原因是形势所逼、迫不得已——那时欧洲央行和特里谢先生都在轻松度假。这个传闻的证据与德国央行以后所扮演的分离原则的坚决捍卫者的角色是一致的。根据该原则，流动性供给应必须与政策利率路径区别开来（参见第 39 页）。

欧洲央行对这次危机的反应措施是，通过抵押贷款市场向所有申请银行提供无限量资金，资金利率接近一直不变的官方回购利率（年利率 4%）。通过这样的操作，欧洲央行在 8 月 9 日星期二向欧洲金融机构“投放”了将近 950 亿欧元，之后又在星期五再次投入 610 亿欧元。在这一周的星期四和星期五，美国联邦公开市场交易室以类似方式累计注入 380 亿美元。

“投放”并不意味着基础货币的扩张。而且问题是对冲操作，在这个操作中，欧洲央行向资金突然短缺的银行提供贷款，所提供的贷款正是欧洲央行向其他处境相反的银行中贷来的款额（这些银行除了可能在有限范围内按照比正常情况下更大无风险利率利差，否则不愿向银行间市场贷出盈余资金）。欧洲央行的这项借款采取了以下形式，利用了是这些金融机构将存款形式存放在欧洲央行的超额存款准备金，收取的利率只比官方的固定回购利率（4%）低一个百分点，或者回购操作，即欧洲央行借入短期资金，然后贷出长期国债或短期政府债券。

采取如此大规模干预措施的动力究竟是什么呢

事后以及间接证据清楚地表明，8 月 9 日发生的事情远远超出了流动性危机。这已经是偿付危机了（正如美国企业研究所学者艾里克斯　普洛克指出，这两种现象在各种程度上不可避免地联系在一起了——参见普洛克，2009）。

据传闻，来自欧洲央行的（对冲）注资规模远超出了流动性供应的需要。实际上，这种对冲组合是大规模的价格操纵（遏制银行间存款市场任何风险溢价的上升）和央行向最弱的银行提供紧急准资本援助（“准”这个术语是指银行法定资本结构未出现相应的变化）。在上述情况下，银行是无法从其他渠道获得这种资本的。

欧洲金融机构当时隐蔽地持有美国次贷资产，并由此带来数量不详的损失，在这之后很快就出现了支付能力问题。但是关于支付能力方面还有另一个问题——欧洲央行官员对此却三缄其口。这就是欧洲金融体系在各自国内（欧洲）信贷市场因持有次贷资产可能会产生的损失——无论是和西班牙、英国、法国和荷兰火热的住宅房地产市场相关，还是和上述这些国家包括德国的私募股权贷款相关的，或与流入“狂野东欧”的大量贷款相关（多数这些贷款都和火热的房地产市场以及繁荣的建筑行业有关）。

那些有长期盈余资金的银行（更多的是非银行客户存款，而不是非银行客户贷款）——这种情况在德国最为普遍，与该国大量存款盈余相一致的——最近几年盈余资金仅拆借给欧洲繁荣的银行间（无担保）同业贷款市场。可这时突然意识到，他们在这个市场中过度暴露在信贷风险之下。对于一家银行，银行间隔夜贷款本来似乎是一个低风险的领域，可是从浮现的更大系统背景来看，这个领域突然变成了高风险。

当实力稍好一点的银行将盈余资金撤出银行同业市场时，他们可以选择是将这些资金投入短期政府债券市场（在这个市场中，欧洲最安全和流动性最强的是德国国债），或是将其投入欧洲央行存款工具（按照低于官方回购利率的固定小幅利差计算利息）。两者的套利交易（按欧元计价）意味着两者的利率趋于官方回购利率，并且与之非常接近。

欧洲央行（和美联储）没有及时诊断支付能力的问题

2007年夏末，如果欧洲央行（和美联储）仔细观察当时的情况，他们会发现，许多证据表明已经潜伏着支付危机了（参见施瓦茨，2009和泰勒，2009。这两篇文章强烈地批评伯南克教授领导下的美联储，同样没有作出正确诊断，从而对美国及全球经济造成了巨大的损失）。例如，由银行间信用等级最高的、优质政府债券担保的回购交易利率仍然保持稳定，可是银行同业市场（迄今为止任何贷款人都可以获得资金）无担保利率却像担保贷款（回购）一样出现急剧增长，而担保贷款中的抵押物是以优质政府债券形式出现的（如AAA 评级的抵押贷款担保票据）。

在整个信贷市场，尤其出现了包括银行（和银行间）信贷市场，突然对风险的重新评估（意味着付支付能力危机）的背景下，2007年 8 月 9 日欧洲央行紧急决定，以固定回购利率（实际上是每年 4%的无风险利率）向所有需要资金的银行提供（用于任何合格抵押物——不仅限于优质政府债券的）担保资金，这势必会带来大量的往返资金。

承蒙欧洲央行的好意，资金回流的银行通过资产抵押商业票据还本付息、到期银行同业贷款，或者由抵押担保票据担保的回购协议获取资金，然后卷款而逃。这些银行又能逃到哪里呢——要不是欧洲央行这么愚蠢（否则这些银行只能求助于短期德国国债）！欧洲央行按照比回购利率仅低一个百分点的水平维持其存款工具利率（实际大约是 3% 左右），而且拥有盈余资金的银行（由于上文所说的资金回流）现在只不过将资金存在欧洲央行。一些拥有可用盈余资金的银行，继续在严格限制内（并且只有在银行认为安全的情况）按照欧洲央行设定的目标利率（每年 4%）发放贷款。

如果欧洲央行认为这是一场流动性危机的观点是正确的，那么不出几天或几周，就应该会出现资金回流。以原利率为标准的银行同业贷款本来应该已经回流，欧洲央行也可以从中撤出了。当然根本没出现这种情况！

欧洲央行似乎是由于知识储备不足和缺乏正确的分析，在无意间为银行建立了一座完整的担保贷款金字塔（多数担保贷款是不断恶化的不良资产，如来自西班牙或英国的所谓的 AAA 级住房抵押担保证券）。如果没有欧洲央行的干预，这些银行要饱受更低利率的巨大压力，并且在几个重要事例中（最弱的银行），要大幅超过任何可用的市场利率。

与此同时，欧洲央行成功地使（那些能够在隔夜市场获得资金的银行，尽管银行间限制已经减少）隔夜拆借利率维持在大约4%的官方回购利率水平（当然，在回购协议和隔夜存款市场之间存在套利交易，使得两者保持一致）。有盈余资金的较弱银行的套利业务意味着无风险利率（以欧元短期政府债券计价）仍保持在那个水平左右。

欧洲央行（以及美联储）忽视更有效的危机应对措施

8月9日和10日，欧洲央行针对危机实施大规模应对措施，但结果却与正确的市场解决方案或者与总体经济平衡相一致的解决方案相去甚远。在欧洲货币联盟刚刚成立时建立的货币框架——特别是仅以略低于官方利率标准，向超额存款准备金支付利息，并强调对微观官方利率变化的宏观管理——需要对为何没有制定出一个更好的解决方案所进行的任何的严肃调查作出解释。那么本应该采取什么措施应对危机呢？下面介绍一下其主要因素。

第一，由于存在与可能隐藏在各个银行的不透明风险相关的高度不确定性，但是可以立即推定这些风险存在差异性（人们可以怀疑，一些银行比其他银行的情况更糟糕）。欧洲央行设定一个统一的固定隔夜利率的操作策略就不再是明智之举了。即使在隔夜无担保拆借市场上，较弱的银行（这些银行无力偿付的危险可能更高）也应该比状况稍好一些的银行支付明显更高的利率。

实际上，欧洲央行的操作战略本该从盯住银行同业隔夜存款市场利率改变为设定基础货币的量化目标。显然，不可能在一片恐慌中精确实施这种操作策略，以确保无风险利率下降至零。此外，欧洲央行本来可以在完全以优质政府债券的利率水平在短期政府回购市场实行盯住利率（如果按照远低于危机前官方回购利率水平实行盯住定利率，可能早就已经大幅下滑至零利率）。

第二，欧洲央行本不该阻止无风险利率和高风险利率之间形成大幅利差（取决于交易对手），无论是短期债券还是长期债券。欧洲央行也不应该采取行动，防止优质政府债券担保的回购利率和不良抵押品（尽管 AAA 级），如英国或西班牙的抵押贷款，担保的回购利率之间形成大幅利差。而是应当采取“自由放任”方式，允许市场决定（与支付能力或信贷风险相关的）利差，欧洲央行应该消除各种（阻碍发挥市场决定作用的）障碍——特别是现在存款工具（银行可将超额资金存入央行的存款工具的）利率大大高于均衡利率（当时固定在年率 3%），以及现在多数情况下，是无抵押贷款收取的较高的抵押贷款利率（每年 5%，只比官方回购利率高一个百分点）。

最理想的方式是欧洲央行已经将（该行存款的）隔夜利率降至零（这意味着，规避风险的银行如果将资金存放在欧洲央行将无法获得利息，他们将不得不把这些资金投向短期政府债券，从而推动这些债券的收益率降至零，要么就要冒一定风险，按照较高的利率发放贷款）。欧洲央行本来应该（按照正常谨慎的标准）严格按照伦巴第利率（Lombard rate，指中央银行向商业银行发放证 抵押贷款的利率——译注）发放贷款，因为伦巴第利率本身确定了可变的水平（每个连续份额以比官方回购利率更高的利差借款）。欧洲央行面向合格抵押品发放的贷款额度，也应该按照正常的做法加以限制，按照市场发展情况，向非政府抵押品担保贷款收取高于政府抵押品担保贷款的利率。

第三，无风险利率市场出清水平是短期政府债券市场或者政府债券担保短期回购协议市场的基础。在对其估算时，欧洲央行本来应断定当时的市场出清水平肯定远低于危机前夕的水平。（从绝对水平来看）更高风险信贷的所有利率升高的必然结果（从经济总量平衡来讲——包括从现在的恐慌状况恢复到完全平衡的最优路径），必定有一个更低的无风险利率水平。

此外，在金融危机的新的现实情况下，这种可能性无疑加剧了正在出现的经济衰退，增加了向下修改无风险利率当前水平估计值的理由——使之大大低于中性利率或自然利率的基准水平，而这种利率水平是以最终不变的经济长期均衡路径为基础的（信贷泡沫的破裂将意味着路径的改变，并且以降低自然利率这种方式作出改变，这是很合理的）。

比上述更重要的是降低对通货膨胀的警惕，提高对萧条的警惕，这是合理的。当然，欧洲央行偏爱计量经济模型。但在目前极不连续的情况下，任何以这样程序作出的预测，都必须极为谨慎。无论如何，衰退或萧条都可能在金融体系内引发更为严重的有关支付能力的恶性循环。

第四，紧迫的问题应当是，即使按照流行的已拉宽的利差也无法在市场募集足够资金的银行怎么做办，谁会为了获得伦巴第贷款或者担保贷款而站出来挑战欧洲央行正常的审慎性限制。这不是一个新问题——这个问题可以追溯到金融史著作中关于谁是最终贷款人的完整讨论。

在发挥最终贷款人作用时，央行首先确定缺乏现金的机构是否仍具有支付能力。在为这些机构寻找解决方案（或是新股资本募集或并购）的时候，如果央行发现这些机构仍有支付能力，就向其发放贷款，尽管是按照较高惩罚性息率，相比之下，若央行（或监管机构）确定该机构无偿付能力，但持续经营或净资产价值可能超过存款余额，那么就实施一个与资本重组计划相关的谨慎的去杠杆计划（强制债券持有人和债转股将手中债券或股票互换）。

一旦察觉有深度失去支付能力的严峻情况时（没有足够价值与存款相匹配），除了立即破产倒闭之外别无选择（由存款保险公司牵头处置资产）。

如果欧洲央行（和美联储）已沿着这样一条路径（结合上文提到的一至四点）认识到这是一个失去支付能力的危机，而不是将其误诊为流动性危机，或者（在一个未公开的正确诊断下）采取了错误的应对措施，则有理由设想，这场危机的最终经济和金融后果应比实际发生的更好。

相反，欧洲央行将发放给最弱银行主要由不良资产（把一些不良资产打包在一起，以便符合欧洲央行的资质要求）担保的巨额贷款实施展期，这些贷款执行补贴利差，并且远超出正常的审慎水平，但是却未对这些机构施加任何标准教科书式的资本重组压力。同时，欧洲央行将政策利率——并且一般与无风险利率一起——调高，因为担心日益上涨的石油价格泡沫会导致通货膨胀上涨。

2007 年秋季至 2008 年的反事实货币过程

让我们更详细地看看反事实的情况，以便说明这种情况本来会比实际情况更好（从总体经济和金融体系来分析）。假设面对（2007 年）8 月 9 日的危机，欧洲央行确实大幅降低无风险利率下限（将其隔夜存款利率降至零），并且原则上允许这些利率大幅下跌——就像历史上曾经出现过的一些世界金融大恐慌，包括 1929 年 10 月那次，甚至可能一直下滑到零（参见本书第 42 页）。这一步将有可能会成为利率扩大（根据借款人的风险）的催化剂。

当时那些实力弱小但仍然普遍认为有支付能力的银行，则可能（比如说）以每年 5–6% 的利率从隔夜拆借市场借款，并可以按超过这个利率水平的某一个溢价（在有限的意义上）从定期货币市场得到（无担保）借款。不良（非政府）抵押品的固定回购利率本应会远高于无风险利率，尤其是借款人是一个实力弱小的银行时。实力强一些的银行本该能够以远低于这些风险利率的水平为自己募集资金（其确切利率要视所使用的（如果有的话）抵押物类型而定）。随着无风险利率的下调的压力，基于政府债券的回购利率则也会趋于零。

欧洲央行该给这个系统注入额外的高能货币，以缓解资金短缺，这是因为银行寻求建立超额准备金以便应对挤兑风险。资本注入充足性的一个指导标准应是近似货币资产（如短期政府债券）无风险利率，并且不会因银行争先筹集现金而出现利率反弹。

请注意，即使欧洲央行没有在危机发生后的第一天全面地考虑这个计划，而是像实际发生的那样提供无限的资金支持，欧洲央行也可以通过拒绝将回购协议或其他贷款展期在接下来的几天里实施这一计划，除非按照本节所述的反事实框架去做。

在这个反事实的世界里，稍强一些的银行将争着证明其财务稳健性——向市场披露他们的全部贷款和资产组合，以及他们的资金基础可（对存款人）提供的缓冲保证。这种争夺的过程在1907年严重金融恐慌中是特别明显的，这场空前大的恐慌出现在美联储建立和凯恩斯政策出台之前。在此期间，尼克博克信托公司失败之后，实力稍好一点的信托银行就向J.P摩根创立的援助委员会争相证明他们财务的稳健（由本杰明·斯特朗牵头，那时他是美国信孚银行副总裁和摩根的门生，以及后来由于其在20世纪20年代信贷泡沫的美名或骂名成为美联储的门徒，参见布鲁纳和卡尔，2007年和罗斯巴德，1972年）。

稍好一些的银行有很强的动机去募集更多的股本——这样做将会使融资总成本降低至更接近无风险的水平，并且从较弱的对手手中夺得市场份额。他们（通过补充股权的保护）获得良好缓冲的存款对于扩大零售基础具有吸引力，这意味着他们可以重新开展存款业务以及可能与此相关的长期利润（例如，通过销售其他产品）等新的活动（这些有股权支撑的银行能够收取同样高的利率，这些利率反映其客户在浮动利率贷款账簿之间的信贷风险）。

如果的确（很可能）没有相应的机制，可以使原始股东夺回由于银行债务持有者进行资本重组而获得的暴利，发行更多股本事实上则会摊薄已发行股份的权益。但是，摊薄的程度将会很低，很可能低于营业利润增加带来的超额现值，而营业利润的增加则得益于已强化了的股权缓冲条件下的存款销售（注意，政府或其机构向所有银行机构，不管他们实力强弱，承保综合存款保险时，导致这种结果的机制就会被弱化）。

那些依靠最终贷款人支持的最弱的银行将会怎样呢

2008年秋季，欧洲各国政府不得不为了紧急稳定最弱小银行而向其直接注入资本，而这个行动本来可以提前至2007年秋季。但是鉴于缺乏对经济衰退的干预和对已经出现的萧条的担心，这项任务如果在 2007 年实施肯定不会比在 2008 年执行那么令人畏惧（和破坏性）。

如果美国当局提前采取类似的预防措施，那么很可能就不会出现雷曼破产冲击了，这个冲击导致了全球经济陷入严重金融恐慌之中。并且如果 2007 年秋季欧洲和美国的无风险利率大幅下降，或许一路下滑至零，这一定会减轻正在逼近的经济衰退的严重程度。相反，以三个灾难性前提条件为基础，欧洲央行就从“2007 年 8 月第一个大震荡”起开始操纵起货币政策。

欧洲央行应对信贷震荡的三大灾难性前提

第一个前提是，在任何冲击全球经济的金融风暴之后，欧元区（尤其是德国）将处于其影响的风口浪尖。

第二个前提是，欧元区经济中继续存在严重的通胀危险，并且由于石油和商品价格的攀升（从 2007 年底到 2008 年中期），通胀危险也在增加。支持欧洲央行解释这种危险的是“货币支柱”的理论，尤其是提到了同期银行业统计信息表明的银行贷款持续快速增长的现象。

第三个前提是央行货币政策的操盘人员，在控制隔夜货币市场利率（在银行间信贷风险极其差异是个不确定的概念）过程中，应保持严格关注中期价格水平目标（每年 2%的通胀率，或在两年的时期中低于 2%），同时对他们周围肆虐的金融风暴充耳不闻。应该由流动性危机管理团队（团队也包括不同作用的货币政策操盘人员）利用一个完全独立的工具（补贴性和对冲性信贷操作），以缓和银行体系中的资金压力。最后一个前提实际上是有害无益的“分离原则”（参见本书第 43 页）。

经济乐观主义（确实关注通货膨胀）的基础是以德国为中心的。2008 年的前几个月，德国仍然陶醉于与俄罗斯、东欧、中东石油出口商的火热业务合作之中。看上去欧元的升值（欧洲央行大幅收紧货币条件，而美联储的货币政策虽然远非积极宽松，但也更为温和，这时欧元升值在 2008 年上半年达到顶点）对德国的出口没有太多严重负面影响。要是德国央行没有长期鼓吹（自 20 世纪 60 年代末以来）德国出口是如何成功抵制了货币升值的影响，那该多好呀！

被计量经济学和统计数据所蒙蔽

如今在著名的计量经济学教授（阿克塞尔 · 韦伯）担任行长的德国央行，似乎是比以前更加重视模型给出的结果。奥托马　伊辛是欧洲央行启动时的幕后掌权者，他已于 2006 年秋季退休，通过他的自传（参见伊辛，2008 年）可以看出，他对计量经济学持温和的怀疑态度。

冯 · 米塞斯教授（1971）的警告没有引起欧洲央行理事会的任何重视：

> 没有，而且也不能有像数量经济学这种东西。经济预测通常采用统计方法，因此这种方法可以作回顾分析。这些方法描述了历史上的流行趋势，这些趋势大家都很熟悉。这些方法决不回答所有人，尤其是商人提出的问题。人们都知道趋势可以变化，但他们害怕变化，所以他们想知道什么时候会发生变化。但统计学家只知道大家都了解的事，那就是，趋势没有变化！

把数据输入欧洲央行引以为荣的计量经济学模型的，经过欧洲央行货币框架的“第二支柱”理论分析的补充，也没有生成任何有关未来严重衰退风险的提示。相反，是黄色甚至红色的通胀指示灯却在闪烁！货币供应数据显示货币供应仍在强劲增长，还部分表明流向商业部门的贷款也在强劲增长。难道这种贷款增长表示出现了危机引发的再中介化了吗，即公司再也不能利用已经有协议信用额度的欧元债券市场了吗（因为这个市场上的一个主要投资者，信贷对冲基金正处在危机之中）？

欧洲央行和德国央行的官员们怀疑地摇了摇头。他们说，数据就是数据！不过谈到数据，难道就不应该从长期的意义上对那些超过计量经济学关注范围的货币数据和货币支柱进行解释吗？所以，为什么如此强调金融恐慌之中的最近的货币供应和贷款行为呢？没有答案！

悲观主义者们来到了法兰克福或巴黎之后，开始谈论法国潜在的资产价格下跌（经济合作与发展组织的指数表明，法国的房地产市场同英国的房地产市场一样处在泡沫化之中），而且西班牙的房地产价格下跌的更厉害，或者东欧房地产和信贷泡沫会破裂，但他们却受到了礼貌的嘲笑。法国银行是如此保守，一点也不像他们的对手美国。法国房地产市场的未来完全没有走弱的迹象。无论如何，巴黎中心市区没有突出的建筑！在西班牙，难道多年来分析家们没有对此提出警告吗？此外，西班牙可以借助与拉丁美洲的牢固关系获得对冲收益。要说明东欧奇迹在很大程度上是投机泡沫，就要忽视在与西欧发达经济体的稳固一体化基础上经济取得长足发展的所有可靠证据。

这些经济前景的看法可通过采访欧洲央行的货币官员而获得第一手资讯，同时这些看法也出现在当时的官方报告和自传描述中。因此，在2008年年中（欧洲央行成立十周年报告中），欧洲央行社论写道：

> “通过对货币分析的反复核对证实，从中长期来看，主要是物价稳定的上行风险。在这个阶段（自2005年底起，包括2007年和2008年）货币和信贷扩张是非常强烈的，私营部门得到了持续而且强劲增长的银行贷款的支持。从中期展望来看，货币和信贷增长活力十足，这反映了自2004年中期以来的观察，货币扩张的基本速度呈持续上升的趋势。因此，在货币和信贷持续强劲增长的环境中流动性的积累将进一步增加，而这表明从中长期来看，价格稳定存在上行风险。迄今为止，几乎没有证据表明，金融市场的动荡强烈地影响了货币和信贷扩张的整体动态特征。”

欧洲央行方面的更多证据源自2008年7月3日的新闻发布会，其主要任务是解释为何将利率调高25个基点（将官方回购利率提高至4.25%，市场利率远高于5%）。特里谢先生解释道：

作出该决定的目的是为了避免油价上涨带来的第二轮广泛影响（当时油价接近每桶150美元左右的历史最高水平），并且防范中期物价稳定的不断增长的上行风险（按照欧洲共同体官员的说法，第二轮冲击恐怕是强大的德国工会，尤其是德国产业工会试图获得油价上涨补贴，进而掀起一轮工资、物价的上涨）。HICP通胀率自去年秋天以来持续大幅上升。他们预计HICP远高于与价格稳定水平相符的时间比先前设想的更长。

在持续紧张的金融市场背景下，货币及信贷增长仍然非常强劲，迄今为止，对银行贷款的供应并没有明显的约束，这些都证实我们对中期价格存在上行风险的评估是正确的。

虽然最新数据证实经过第一季度异常强劲的增长后（从计算上看这完全由德国引起，此时德国的出口已达到高峰），同预期一样，2008年年中实际GDP增长放缓，但是欧元区经济基本面是良好的。根据我们目前的评估，今天我们作出决策之后，货币政策立场将有助于实现我们的目标。虽然世界经济增长放缓，但是我们预计增长仍富有弹性，特别是受益于新兴经济体的持续强劲增长，这将推动欧元区的外部需求。欧元区经济基本面依然健康，欧元区并未出现严重失衡。在这方面，欧元区投资增长应继续支持经济活动，因为产能利用率仍然在提高之中，而且非金融公司部门的盈利水平一直保持不变。

在随后的答疑大会上，特里谢警告“那些认为可以发动第二轮示威的人（即德国工会或法国公共部门的工人），他们正在导致长期高水平通货膨胀、经济低增长甚至停滞以及越来越高的失业率的出现，因为他们想否认资源正在从消费者转向供应商。第一次石油危机之前欧洲实现了全面就业，在20世纪70年代末，却出现了我们现在刚刚摆脱的大规模失业窘境。所以其中有相似之处，这就是为什么我们特别执着于我们的使命“防止出现第二轮冲击”。”

2008年欧洲央行认为自己是重生的2003年德国央行

特里谢先生在惯常炫耀口才时（一些评论家会说，这是经过练习的，从而未给公众留下任何批评的机会！）泄露了秘密。

欧洲央行认为自己在重复着德国央行在1973–1974年所取得的成功。那时，虽然普遍认为经济衰退已经临近，甚至也许未来经济会出现萧条，可是德国央行有别于其他央行，它专注于应对恶性通货膨胀。结果，德国可以享受由于未来十年销售物价的稳定带来的舒适，而其他国家则由于没有及时解决这个问题而处于病患之中。

几周之内，这种历史解读被证实错误地解释了目前的情况，因为同世界其他地区一样，欧洲也陷入大萧条之中，欧元区价格水平开始下滑(尽管如此，这并不代表会出现通货紧缩——参见第29页)。

特里谢先生打算效仿20世纪70年代中期德国央行的成功经验，而采取一个独特的货币应对策略，即其他人都错了，而这个策略最后被证明是正确的，同时也给欧洲央行及其货币欧元带来了长久的美名！但后来证明这完全是空想。他显然没有认识到1973年德国央行成功的一个关键事实。德国央行上次的成功并不是建立在经济预测实力基础之上的，该行不是因为有占卜大师才比外国央行有更好的技能或者说是运气。相反，德国央行的成功在于它引入了一个新的货币控制框架，这种框架体现了德国央行不同于当时其他国家央行官员的共同智慧（包括美联储的官员们）。

2003年到2004年，在近期不断累积的货币缺陷之后，德国央行成为首家为货币基数定标的中央银行，并且走向了一条不再冒险、而要使价格重新稳定下来之路，在此过程中，摒弃了凯恩斯式的微调。2007年夏天，特里谢先生及其同事没有设计出新的货币框架（在这种情况下，就是取代基于货币利率微观管理的准通货膨胀定标），所以他们肯定不是货币政策的开拓者。

某人会用美国总统竞选那种通俗的语言说："反对特里谢先生，反对斯塔克教授，反对韦伯教授，你们不是埃明格尔博士，也不是施勒辛格博士！"这种评论也许是不公正的，但这是一个更加民主透明的货币政策过程的一部分——是本书最后一章的主题（参见第90页）。

在2008年7月召开的那次（现在看来）臭名昭著的新闻发布会上，特里谢先生表达了对通货膨胀的更多关切。仅仅一个月之后，由于商品泡沫破裂，油价随之大幅下降之后，特里谢先生在接下来2008年8月7日的新闻发布会（通常每月一次）上说：

> 我认为石油和商品的最高价格不在正常范围，不符合均衡的价格。但是我们将会看到发生了什么。我们将再一次在事实和数据面前变得谦卑。我们会看到发生了什么。我认为"大幅波动"是很好的描述，也是了解当前情况的一种好方法。

然而，一个月之前他警告工会不要试图寻求油价上涨工资补贴时，他的（关于价格水平预测的）谦卑之情又到哪里去了呢？事实上，工会的工资谈判代表比欧洲中央银行的银行家们更了解油价波动的情况。因为，回顾2008年上半年，没有发现工资价格螺旋式上涨的证据。同时，如何应对石油泡沫引发的CPI上涨仍然是个问题，而这正是欧洲央行与美联储在货币政策管理上最明显的区别（否则两者将会很相似）。

欧洲央行把油价上涨视为成本推动型严重通货膨胀的威胁，然而美联储在2008年整个上半年却在相当程度上忽视（但是远非完全忽视）了石油价格泡沫。

每桶150美元的油价可能会撤掉维持稳定低通货膨胀预期形成的锚（尤其是工会化程度很高的德国汽车工业），这似乎一直是欧洲央行政策会议上关注的问题。

现实则完全不同——特别是在前一年（2007年）11月，尽管相关数据一年之后才由统计学家确定，但美国和日本已经进入了经济衰退期。虽然回顾性的实体经济数据和令人迷惑的货币数据未作记载。实际上，一个名为“经济政策研究中心”的小组，在 2009 年 3 月末宣称，如果按照美国国家统计局的计算方法，欧元区在 2008 年 1 月已经进入经济衰退期。

虽然在 2008 年的春夏，美联储没有像欧洲央行那样犯错，对所谓石油价格引起的通货膨胀恐慌而作出过于惊慌的反应，批评家们仍然指责美联储走上的是一条远非理想的货币政策。特别是正如里士满联邦储备银行高级顾问里奥 黑泽尔（2009 年）指出的那样，整个 2008 年春季，美联储都在推高定期货币市场利率，这个市场的利率和下滑的自然利率的利差的加大主要归因于雷曼破产前便出现的严重经济衰退。黑泽尔写道：

> 是什么造成了严重经济衰退？这里的解释清楚地说明自然利率下滑的同时，基金利率也在下降。此后美联储制定了错误的货币政策，而这个政策对市场造成了冲击。特别是从 2008 年 4 月 30 日到 2008 年 10 月 8 日之间，尽管经济活动恶化了，联邦基金利率却没有下降，这表明经济收缩开始了。此外，在 6 月份，联邦公开市场委员会（FOMC）收紧了货币政策，通过措辞强硬的评论将联邦基金利率的预期路径推高。截至 6 月 18 日，期货市场预计 2008 年 11 月的联邦基金利率为 2.5%。

黑泽尔指出，当时不仅是美联储鼓励提高利率预期，欧洲央行以及英格兰银行也是如此。随后，国际清算银行在 2008 年 6 月底发表的年度报告中呼吁提高利率。

如同本书上文已经讨论过的（参见第 9 页），这再次说明问题的关键不在于欧洲央行货币政策操作比美联储做得好一点或者坏一点，而是在于，该行针对美国严重失衡倾向所制定的更高明的货币框架（以及最终形成的货币政策）的彻底失败。

欧洲中央银行对高油价引起的通货膨胀危险的分析存在严重缺陷

2008年，美联储和欧洲央行对于油价变化持有不同的态度，这并不是新特点。早在几年之前（自从十年前能源价格上涨开始以来），美联储已经开始关注价格水平上涨的核心措施（不含食品和能源价格的个人消费价格指数）。然而欧洲央行却坚持应该采取全面的措施（在欧元区，包括食品和能源的价格，但是几乎不包括所有与房价等价的假设租金，参见本书第12页）。针对应采取何种通货膨胀标准来实现货币政策管控的目的，央行之外的经济学家们并未达成共识。

关注通货膨胀的核心计量标准有两个主要观点。

首先，石油（和食品）的价格在短期内可能有剧烈变化。如果中央银行正试图评估基本通货膨胀率，那么最好不要将油价的短期变化考虑进来。

其次，按照奥地利学派的观点，长期价格水平稳定和货币均衡的目标不是要求（事实上很可能不一致）实现短期甚至中期价格水平稳定。在发生不利的资源冲击期间（比如以能源价格上涨为主要特征的），允许货币成为失衡的动因就意味着要接受物价短期上涨，相反，在有利的资源冲击期间（如贸易条件大幅改善或者劳动生产率得到提高）则允许物价短期下降。

美联储在关注通货膨胀核心计量标准时受到了第一种情况的影响。而在美联储将近百年的历史中，美联储根本没有在政策制定中关注过、甚或提到过奥地利学派的观点。

令人吃惊的是，在选择通货膨胀整体计量标准时，欧洲央行（没有排除波动的食品和能源因素）却间接提到了奥地利学派，尽管批评家们会说是它以一种非常晦涩的方式提到的。欧洲央行月度报告的作者们几次都提到，随着中国经济的飞速发展，能源价格不可避免地会出现上涨趋势。但是，中国进入世界经济市场对于制成品（贸易条件提升）价格的大幅下降同样也是一股推动力量。欧洲央行认为这两种实际的效果会在趋势上互相抵消。所以说，尽管因石油短缺使得原材料价格会出现上行压力，但货币均衡仍可能意味着中期物价水平可以稳定。

欧洲央行报告的作者认为并且也在欧洲央行的政策讨论中可以清楚地反映出，实际影响价格水平的问题（包括石油的影响）：即2007年下半年以及2008年上半年油价的大幅攀升几乎无法认为与基本趋势相符。在此期间，当计算价格水平实际上行压力时，只有石油价格上涨这个趋势因素可被认为与贸易条件改善的趋势相悖。即使不包括其他影响价格水平的实际相关因素，多数实际油价上涨也本该被认为是真正的原材料冲击。

基于在与欧洲央行官员会谈（时的了解），本书作者可以说欧洲央行试图在不考虑石油价格走高这一因素的情况下来解释基本通货膨胀率，是可以给予一定理解的。但是，有人担心这样公开篡改会使“社会团体”对价格水平稳定的绝对信任不断下降。从这个角度来看，最好保持简单的计量标准。如果在制定实际政策利率决策时考虑到核心计量标准（而非整体价格水平变化），虽不将之公诸于众，那样做本来也是可以的。然而并没有发现如此“老练”的证据。

然而，在世界，包括欧元区经济衰退日益恶化时（尚未普遍发现欧元区已出现大范围的经济衰退，虽然毫无疑问意大利经济已经开始下滑），欧洲央行2008年7月逐步提高了其政策利率和实际无风险货币市场利率（在可以控制的有限程度内，无担保银行同业贷款利率提高幅度更高，但是相应风险溢价却远低于上文介绍的假设的可替代货币政策规定的水平）。在商业贷款协议的展期合同中，这些定期货币市场的利率是确定许多贷款利率的基础。

或许，根据健全的货币政策，一些更高风险的贷款利率会完全与均衡趋势协调增长。但即使在石油泡沫时期（如果2007年秋季这些无风险利率还没有下降的话），无风险利率也一定会下降。欧洲央行货币官员对任何此类建议的答复是：如果通过降低官方利率或者降低其能见度（通过允许市场更广泛地决定利率结构）则会消极干预实现确保价格稳定这一最高目标（根据2003年修订的定义）。

假分离原则成了欧洲央行的口头禅

分离原则已成为欧洲央行的口头禅——分离原则是保持物价稳定的一种政策工具（隔夜货币利率的路径），也是解决“银行业流动性问题”（其实是无力偿付问题，但是还没有这样承认）的政策性工具（以日益增多的不良资产作为抵押的大量政府补贴的对冲贷款）。

在货币或金融史上，这是首次应用分离原则。在以往历史上严重的金融恐慌的时候，当无风险利率（包括准货币，如短期政府债券）由于受到资本逃向安全投资的领域的压力会普遍滑落至零时，央行对此并未横加干涉。除非本国的货币兑换率或者黄金平价机制（在固定兑换率体系或国际黄金位体系中）受到威胁的时候，央行才迫不得已采取行动（参见艾肯格林，1997）。欧元是一种可以自由浮动的货币，在危机时货币政策的行动不受法律的限制。

无风险利率下滑过程中存在两个主要障碍。

首先，是对存款准备金支付利息（直到欧洲货币联盟的启动，几乎所有主要央行在任何时候都不向存款准备金支付利息），同时还有在金融危机期间缺乏大幅降低利率的灵活性。

其次，应用“分离原则”时，欧洲央行要坚决反对使央行系统充满超额存款准备金（高能货币），以防止因出于防范目的导致对存款准备金的需求增长反而引发货币紧缩（参见本书第44-45页）。

2007年动荡后，没有危机干预退出计划

如果欧洲央行在2007年和2008年之交的整个冬天以及2008年的春夏就关于退出问题（如何减少欧洲央行发放给金融实力较弱的机构的贷款）秘密地与各国财长，包括那些欧洲货币联盟之外的欧盟国家的财长想尽一切办法积极沟通，这当然是不足为奇的。欧洲货币联盟之外的欧盟国家的银行通过其在欧元区的分行从欧洲央行那里获得了巨额“流动性帮助”（英国就是这样一个典型的例证）。

欧洲央行如何能够有一天将其资产负债表恢复至正常水平，并且从与最弱小银行的大量担保贷款业务中脱身呢？

的确，该行的贷款是担保贷款。但是从整个银行体系看，如果欧洲央行拒绝将那些担保贷款续约并扣留抵押品，这将引发大范围的破产。实力最弱的银行不可能从私人渠道再融资。鉴于大量抵押品都是不良资产，欧洲央行实际能从这种廉价交易中得到什么呢？

事实上，唯一的（从欧洲央行在经济危机中发放给最弱的银行的担保贷款中的）退出机制是在欧盟范围内对银行系统进行资本重组（至少对实力最弱的银行）。如果欧洲央行的政策加剧了经济衰退，那么与支付能力相关的资本重组问题就会变得更困难。下面是在有反通货膨胀热情时需要谨慎的另一个重要原因。

没有证据表明这样的讨论已经渗透到公共领域。2008 年夏季，美国以及欧洲银行的股票价格下滑（支付危机加重的一个明显指标）仍不足以促使欧洲央行作出任何政策微调。

分离原则仍然是至高无上的。

雷曼破产案促使欧洲央行的利率调控官员开始采取应对措施

甚至当雷曼破产案和美国国际集团（AIG）无力偿付的威胁最终引发了一连串的欧洲银行支付危机时（危机的起点是富通银行，接着迅速蔓延到德国和法国的中型银行，然后是英国最大的银行之一），欧洲央行的利率调控官员仍然没能放松固定利率政策。

事实上，这些官员加强了对利率的控制！ 2008 年 10 月初，与国际同步将利率降低了 50 个基点的同时，欧洲央行宣布正在缩小官方存款和贷款回购利率的范围，在这个范围内，货币利率可以按照边际存款利率和边际贷款利率的规定浮动。显然，缩小官方存款和贷款回购利率的范围的决定是由德国央行推动的，因为该行担心欧洲央行面对当前的混乱状况会失去对市场利率的有力控制（并因此允许实施比理想宽松货币政策更加宽松的政策）。

通过将边际存款利率与官方回购利率的差距缩小 50 个基点，欧洲央行继续为众多短期优质欧元政府债券市场的无风险利率以及政府债券抵押回购利率设定较高下限。这些利率在危机严重时继续维持在远高于 3% 的水平。

出现前所未有的资金往返交易是不足为奇的。这种交易就是实力稍好一些的银行将盈余资金存储在欧洲央行，而欧洲央行又将这些资金按照贴息利率（超过任何正常的审慎的限制）转贷给最弱的银行。这与经典货币体系下可能发生的情况迥然不同，在经典货币体系下，所有高能货币（央行存款和流通中的纸币）都是没有利息的。

在“经典系统”之中，准货币资产（如国库券或类似债券）的无风险利率会在避险的压力下出现下滑，而央行则会忙于投放高能货币，从而预防恐慌中出现的高能货币短缺。欧洲央行的货币框架设计者几乎完全忽视了规定央行的存款需支付利息时所存在的上述危险（在金融危机期间会出现的违反常情但具有压倒一切的自动货币稳定器，参见本书第 27 页）。

事实上，在经典货币体系中（不向存款准备金支付利息），无风险利率的确很有可能在经济危机全面爆发前面临下滑的压力，此时投资者们正寻找安全出路。例如短期政府债券和货币市场利率之间的无风险利差在此就是危机的主要指标。在经济危机的窘境下，无风险利率的暴跌程度激励着银行和其他拥有盈余资金的机构将资金发放给货币市场中风险更高或流动性缺失的部门。

欧洲央行在经济危机严重之时（2008 年 10 月），将无风险利率提高到每年 3% 以上，这表明分离原则仍然稳居主宰地位，而且与那些围坐在政策制定会议桌旁官员们的冷漠相一致，尤其是德国央行行长韦伯和前任行长斯塔克教授支持的假说，即在高风险利率攀升的同时，剧烈的冲击已将市场清算无风险利率推向接近零的水平，甚或负利率区间。

在欧洲央行政策讨论中受到极度推崇的计量模型无法提供任何有关金融恐慌局势的见解（有理由相信却没有证据能表明下面的说法：即德国央行行长没有及时认识到当时德国经济已经出现了衰

退是由于德国经济特别容易受到世界贸易大幅下滑的冲击；而世界贸易大幅下滑在很大程度上又是由许多商业信贷渠道被冻结所引发的）。的确，没有任何迹象表明政策制定者认为应该制定广泛的利率，从而反映目前（货币市场中）信贷质量和流动性的非同寻常的差异程度。

显然，欧洲央行的货币官员们仍然陷于这样一种思维模式中，即改变这个利率——隔夜利息率是执行货币政策的唯一方法，而且这种严格的货币控制意味着要使全部市场利率尽可能地接近隔夜利率水平！

2008年末，欧洲银行业偿付能力危机的加深

欧洲支付危机继续加深，但是欧洲央行坚持使用适用于解决严重流动性危机的工具。无论如何，欧洲央行都不能仅仅依靠自己的补救行动来解决严重的偿付危机。如果实力较弱的银行在应对严重支付危机时需要公共部门对资本重组过程提供资金支持的话，那么政府就必须介入其中。

美元资金市场存在的压力最大。欧洲银行集团在以美国货币市场基金为主要放贷方的回购市场有巨额已发放的短期美元借款。受雷曼破产案（以及其他同时发生的信贷事件）的影响，这些资金已被冻结，并在欧洲引发了猛烈的连锁反应。

欧洲银行争着从世界各地（特别是像韩国和俄罗斯这些偿付很容易受到影响的国家）撤资，从而缓解他们马上出现的资金短缺压力。相应的，欧洲央行与美联储安排了巨额的互换额度，向现金急缺的欧洲银行团提供美元资金（参见霍代尔和金，2008年）。然而，欧洲银行业的偿付危机不仅限于资金中断的问题（的确，如果此时这些缺少来自美国货币市场提供的资金的银行是毫无争议的优质银行，他们本应可以随时通过其他渠道找到替代由美国货币市场提供的资金）。

最后的问题是，人们（在未担保的贷款人之间）不仅越来越

担心现在美国信贷市场中（抵押贷款和杠杆贷款等）高度公众持股的欧洲银行团可能出现的损失程度，也越来越担心以正在贬值的以欧洲房地产为抵押的贷款（2008 年下半年法国房地产价格下滑了 10%，然后一直稳定在这个水平）和发放给那些狂野的东欧新兴经济体的贷款（其中多数以一度过热的房地产市场为抵押，而且按照欧元或者瑞士法郎计价）。

当各国政府会聚在一起准备拯救面临偿付危机的银行时（首先是荷兰和比利时政府于 2008 年 9 月底接管富通银行），欧盟峰会同意各国政府可以单独推出一揽子需要在国家层面详细制定的资本结构调整或紧急贷款担保业务的政策。实际上，这种由欧元启动所推动的大肆吹嘘的金融一体化已走向了尽头，并且开始出现逆转——至少在银行业体系内是如此。

实力弱的欧洲货币联盟成员政府会违约吗?

在国家层面实施拯救银行行动，将对欧元区各国政府的信贷评级带来下调压力。在欧元区，公共财政状况已经很虚弱，或者政府对银行的援助规模与本国的经济规模相比已经很大了（或者两种情况都存在！）。很多分析家认为，欧元区各国政府的信用评级要比仍然拥有绝对国家货币印刷权的那些国家（欧元区以外的）的信用评级对公共财政状态的恶化更加敏感——包括在为银行部门担保的或有债务，或者要以远高于市场价格为支付银行资产而出现的隐性损失。

原则上，如果用经济术语定义主权信贷风险，它应包括政府（含央行）为释放通货膨胀冲击、以政府债务实际金额的故意部分违约。那样的话，有印刷货币权与没有印刷货币权力的政府间的信贷风险的区别就会变得模糊不清。毕竟，根据专业的法律定义，魏玛共和国在 1921—1923 年并未出现债务违约，因为货币印刷机会循规蹈矩地履行所有的偿还义务，然而在现实中却出现了违约。所以两者实际上还是有重要的区别。

对于拥有自己货币的主权政府来说，虽然有对借助通货膨胀逐步实现故意真正的部分违约的怀疑，但也不至于完全导致当前长期利率的上升，或导致目前政府债券名义价格的大幅下跌。使货币通货膨胀的方法包括将货币利率在较长时期内保持在远低于中间利率的水平。长期利率是按照从当前到远期续期的基础之上的短期利率平均值，并因此在这个平均过程中给那些受到抑制的货币利率相当比例的权重。相反，通过主权政府货币的利率水平立即下降就很可能感到以故意造成通货膨胀的形式而出现的违约风险的压力。

与之不同的是，对于一个没有货币印刷机器的主权政府，违约风险的上升直接转化为债券价格下降的更低，甚至会导致彻底的资金危机（在市场恐慌中，政府根本不可能发行债券）和更广泛的金融危机（因为银行和其他金融机构持有大量的政府债券与固定的货币债务相匹配，而现在这些债券的价值正在减少）。

可以为欧洲货币联盟描绘出这样一个危险的情景，即纽约式的危机会在一个较弱的政府债券市场爆发，并且蔓延到所有实力较弱的政府债券市场。那些在政府管辖内的银行的存款人有可能逃离这些银行，因为他们担心债务危机会摧垮这个银行系统或引发该国货币撤出欧洲货币联盟。

也许较弱的政府会在国家内部达成必要的政治共识，从而推动采取严厉的预算削减方案（增加税收和开支）。如果投资者担心这是走向布鲁宁式萧条经济的第一步，他们就会失去信心。这是因为尽管作出最大的努力，但因税收收入剧减、失业救济金猛涨会导致预算赤字不断增加（至少相对于萎缩的经济规模来说是这样）。

布鲁宁是 1930 年到 1932 年经济大萧条时期的德国首相。他绕开了在法律上需经德国国会批准的程序，颁布紧急政令，开始大幅削减预算。一些评论家认为，他所采取的路径是将德国经济推入绝境，从而证明无法履行赔偿法案。的确，1932 年的《洛桑条约》最终终止了德国的赔偿义务，但付出的代价是如此之大。

在这种类似的情况下，替代被迫退出欧洲货币联盟的唯一备选方案可能就是要由实力更强的政府提供大规模的融资贷款。但法国、德国、还有荷兰有实现这一目标的政治意愿吗?

我们将在本书第五章更详细地分析较弱的政府是如何被迫退出欧洲货币联盟的，同时还将介绍实际退出机制。

作为历史记录，虽然某些投资者在2009年春季已经意识到被迫退出欧洲货币联盟的可能性，并且这种可能性也成为媒体关注的焦点，但这种可能性还远未被主流所认可。特别是，全球股市的复苏和经济稳定迹象的出现抚慰了那些极度忧虑的人们。

随着经济衰退加剧，欧洲央行的政策制定者变得无关紧要

截至2009年春季，欧洲央行几乎用尽了所有传统的货币宽松手段。名义无风险利率最后下降到1%以下（某些货币市场操作的利率甚至接近于零，缺少流动性的德国一年期的政府债券市场的利率稍高一点）。

2008年12月，由欧洲央行政策制定者组成的一个更广泛的联盟超出寻常地战胜了德国央行的观点（由于欧洲央行的保密规定，对这种说法无法证明。但这种假说取材于一些传闻和媒体报道），并且成功地推动了重新扩大利率的通道，从而允许短期无风险利率低于已经姗姗来迟的下降中的官方回购利率100个基点（而非50个基点）（隔夜存款利率降低到低于回购利率100个基点。随后在2009年初回购利率进一步降低，德国央行在反对隔夜存款利率下调至0%的辩论中获得成功，因此隔夜存款利率和回购利率之差缩小到了75个基点）。

德国央行愿意在此作出让步最有可能是和越来越多的证据表明德国经济此时已陷入衰退之中（情况比法国更严重）。事实上，欧元区（在2008年12月）处于巨大的经济和货币失衡之中。如果欧洲央行（连同欧洲货币联盟成员国政府）采取必要的步骤去除阻止货币利率滑向零的障碍，市场出清无风险利率则将很有可能（暂时）下滑到负利率区间（参见本书第五章第85页）。

没有任何证据表明欧洲央行的政策制定者意识到他们在危机前

变得是那么无关紧要。他们不断地继续在2003年春季制定货的币政策框架中的隐含通货膨胀定标是“完善的”（即使此时框架中的缺陷已经显而易见），这种态度对经济复苏可无益处。例如在2009年夏季（8月）的月度新闻发布会上，特里谢行长告诉记者，虽然今年年度同比价格水平涨幅已经转为负值，但是从中期来看，涨幅将会重返2%或（自下而上）接近2%的水平。

大概这里提到的预计将会重新出现低通货膨胀是用来证明最终不再将隔夜存款利率下调25个基点是合理的。但是肯定有一个主流的看法，即欧元区的价格水平将会一直下降好几年，即使德国价格水平可能会保持稳定（反映了泡沫出现之前经济体相对价格下调的效果）。迄今为止，欧洲央行低估了对市场价格水平下滑这种看法的可能性，导致了名义中长期欧元利率保持在比其他情况更高的水平。

复苏将主要取决于非货币渠道的自我纠正力量。这里最好的希望是，由雷曼破产案后冻结的全球金融体系引发的国际贸易急剧下滑会随着金融体系的慢慢解冻出现逆转。（一旦再次与低迷的销量一致）公司将停止紧急削减库存和资本支出计划，股市可能有望首先出现一个修复的过程。

如果投资者对更好的未来有信心，即使当前的利润前景仍然暗淡，公司也会通过长期收益证明投资项目的合理性（股权投资者将会按照适当的高水平给这种未来收益定价）。证明的理由可以简单的问答形式出现——如果采用这种资本支出计划，你们会支持我的股票价值吗？

2009年整个春季，政策制定者们一直在辩论进一步下调25个基点的好处，而只有德国央行的官员们在表示谨慎的观点——似乎当利率失衡划入负利率区间，好像75个基点（这是当时三个月的德国政府债券的收益率水平）与50个基点、甚至与零个基点间的无风险利率的差别会有多大影响似的！他们已经犯了大错！

欧洲央行拒绝承认在危机中犯过任何错误

不过，在特里谢先生于2009年3月中旬所作的“从经济和金融危机中可以学到什么？”的主题演讲中，没有人听到过“错误”这个词（在法国经济《论坛报》、罗兰贝格管理咨询有限公司和巴黎高等商学院举办的“巴黎欧洲企业第五次会议上”的演讲）。演讲刚开始就满怀希望：

> 今晚，我想探讨一下当前危机的根源和解决危机的政策对策，同时唤起大家一个新的方向感。

遗憾的是随后并没有继续进行阐述！

> 在过去的十年中，我们看到一种戏剧性的转变，即实体经济中企业家精神的影响正在迅速下降，而金融部门投机和赌博的影响却急剧上涨。国际金融逐渐不再主要关注假定的真正的经济风险和如何对冲这种风险。在某种程度上，金融体系似乎也不再主要用来对冲现有经济风险，而是越来越多地创造和宣传金融体系自身的风险。

三个方面推动了信贷繁荣的出现。

> 第一，那些为贷款经理设计的不合理的补偿计划促使放贷人视野更加短浅。很多贷款经理认为，信贷扩张的短期收益掩盖了他们对所在机构从长期来看可能遭受的损失进行任何思考的需要。
>
> 第二，证券化产品的复杂结构使最终持有人很难评估基本投资的质量。
>
> 第三，国际收支失衡及可能加速全球流动性的出现起到了——或许是非常强大的——宏观经济倍增器的作用。一些世界先进经济体中的长期储蓄不足得到了世界其他经济体储蓄盈余的

资金支持。这些全球宏观经济失衡导致国际流动性的出现，从而进一步推动了信贷和债务的增长。

虽然并非出人意料，但在2007年中期的某个时刻，这三个方面突然出现逆转，流动性开始枯竭。欧洲央行采取了预先行动。这确保了2007年8月刚刚出现动荡的迹象时货币市场的持续运转。自那时起，我们一直没有回避采取行动。我们的应对措施是超前的、坚决的，并且拥有广泛基础的！

特里谢先生想骗谁呀？除非最坏的担心变为事实，即把栖息在象牙塔中的那些欧洲央行的官员们全部搬离这个现实世界。

特里谢先生的演讲丝毫没有提及欧洲央行的根本错误：即2003年春季，该行由于担心通货紧缩的出现，同美联储一起推行超宽松的货币政策；忽视或没有警告2003年到2005年期间越来越多的证据表明的信贷和资产市场在日益转暖；2006年慢慢吞吞的紧缩步伐；在2007年夏季未能对流动性和偿付危机作出区别，并且遏制全部私人市场力量，从而可能使金融体系较健康部分过早地进行资本结构调整；间接拒绝实行在历史上出现严重金融恐慌中所采用过的稳定货币措施（允许无风险利率下滑，向货币基点大规模注资，从而满足更高的存款准备金和货币需求）。

该演讲反而提到了欧洲货币联盟成立前法国对安格鲁－撒克逊金融的偏见，即（美国储蓄不足和东亚储蓄盈余的）全球失衡和（伦敦和纽约的）金融赌场是造成以美国为中心的全球信贷泡沫的根源（这个说法无视了这个事实，即如果对市场力量不作限制，从就相对国内投资机会而言，这个无形的手应该可以对从资本储蓄充足的地区转移到那些情况相反的地区发挥作用）。演讲对2008年上半年欧元区从紧的货币情况完全保持沉默真是令人惊诧不已。当经济衰退已经开始在世界主要地区出现时，欧洲央行却将无风险利率推高至每年4%。从表面上看，这是由于欧洲央行完全没有觉察到石油价格泡沫的出现以及不当解读历史所致（设想一个工资－价格推进性通胀的可怕的危险）。

欧洲央行首席经济学家兼执行委员会成员于尔根 斯塔克教授（前德国央行官员）在2009年3月出席德国——卢森堡经济会议时发表讲话时也没有对此作出任何澄清。幸运的是，他没讲历史上的危机是怎么发生的。但是他对于欧洲央行当时如何施行货币政策的分析只会令人迷惑。

公平起见，斯塔克教授首先合理地强调，价格水平可能是在下滑（由于油价大幅下跌），但这并非是通货紧缩（在未来价格会进一步下降的预期推动下，价格总体水平会以持续广泛和自我可控的方式下降），而是反通货膨胀（disinflation，和相对价格的短暂波动有关）。要是他有更多时间的话，他本来可能会将价格水平的周期性下降添加到反通货膨胀列表中（经济的强周期性行业的供应商在经济衰退最严重时期会降低利润边际，而在经济复苏阶段会重构利润边际）。可随后他又开始步入分离原则这片浑水：

> 为了更好地理解我们在银行同业货币市场的干预规模，我们需要理解这种干预在货币政策的实施和传导中的重要性。货币市场利率，特别是短期利率，标志着货币政策传导的起点。这些决定了银行业再融资的边际成本，并借此通过银行贷款渠道发挥作用。货币市场利率在决定整体收益曲线方面是一个关键因素，从而对货币传导的预期渠道是至关重要的。

如果有任何建议（可绝对没有任何证据或理由相信在欧洲央行政策会议上曾提出过这种建议），即在2007年8月7日的危机后，应允许形成广泛的利率水平，同时使无风险利率滑向零，并且（对较弱的银行）提高风险利率。斯塔克教授对这些建议的态度也丝毫不会令人怀疑。斯塔克教授认为任何这种糟糕的建议的结果都会使欧洲央行严格利率控制的信号变得模糊。

我们也能看出，斯塔克教授是所有在2008年末扩大隔夜存款利率和边际贷款利率通道观点的主要反对者（这也是为什么在11月和12月的新闻发布会上有记者提问，尽管出现大规模的资金往返（借款套利）现象，为何没有扩大利率通道时，特里谢先生搪塞说，这个问题“正在审议之中”！）。

斯塔克教授接着大胆加入流动性－偿付能力的辩论中，并暗示从2007年夏季起，欧洲央行的大规模干预措施就是以流动性为目的的。他说道：

欧洲央行可以缓解流动性风险，但他们不能解决破坏金融体系的偿付能力问题。

当几乎所有人（或许欧洲央行的官员除外）都认为严重偿付能力问题已经很明显时，为什么欧洲央行自2007年8月7月动荡发生之日起花了一年甚至更多的时间按照补贴对冲的方式向欧洲最弱的银行提供越来越多的贷款？

对冲操作是通过欧洲央行在市场上实施的逆回购发生的——实际上是欧洲央行向非银行机构和实力更强的银行贷出权益并从这些机构借入资金——从而抵消发放给最弱的银行的贷款。根据一个奇怪的决定，欧洲央行最晚在2009年6月决定扩大对冲操作，即至少向最弱的银行以低于市场年利率1%的水平提供同样总额的一年期资金（而不是以往的半年期）。

欧洲央行的文件中没有记录有人对斯塔克教授提出向失去偿付能力的机构发放这种贷款的（以公共问责的方式）无效性，甚至是欺骗性的问题。

斯塔克教授含蓄地为欧洲央行在2008年春季及夏初推高无风险利率进行了辩解——等一下！若不是美国允许一家大投资银行破产（这是可避免的）而出现了烂摊子，欧元区还不至于走向经济衰退：

这场危机始于2007年夏季，美国次级抵押贷款市场（这只是美国住房市场中一个相对较小的部分）的损失引发了持续的金融风暴。然而，直到2008年夏季，次贷对全球经济的影响仍然相对有限。可自雷曼兄弟去年9月破产之后，全球金融市场的紧张局势迅速扩大为全面爆发的金融危机，随后转变成全球经济危机。现在，严重的全球经济低迷就变得更加同步化了。全球贸易衰退放大了金融风暴的不利影响，并造成新兴市场的前景急剧恶化。

问题的根源真的仅来自于美国住房市场中的这一小部分吗？还是斯塔克教授对全球信贷泡沫更大的背景视而不见？美国次贷市场只是这种背景中的一部分，而其最终根源是一种货币疯狂症，它充斥着欧洲央行，同样也充斥着美联储。

至于2008年上半年经济增长温和放缓，难道西班牙和意大利不是已经处于严重经济衰退之中了吗？事实上，整个欧元区自2008年1月起就被认为处于经济衰退之中（参见本书第100页）。毫无疑问，多数分析家同斯塔克教授同样认为，雷曼破产之后的严重恐慌是导致世界各地的商业活动在2008年第四季度和2009年第一季度出现萧条的直接推动力（国际贸易信贷和许多其他形式的信贷几乎全被冻结，特别是那些现已废止的“影子银行系统”都起了重要作用）。但斯塔克教授为什么仍然要在2009年3月证明隔夜利率的渐进调整（去年秋天）以及全力防止当时无风险利率更剧烈下滑的合理性呢（首先在2008年9月缩小回购利率的通道，随后又仅仅在这个动作引发的套利交易的压力下允许利率通道回到历史标准——参见本书第53页）？

利率下滑发生的主要理由真的是为了避免中期（未来两年）通货膨胀下降到比每年2%的目标更低的水平吗？或者是因为要防止出现严重的货币失衡这个更加急切的目标，如防止利率从远高于理想路径的市场利率水平上先上涨，然后回到几乎可以肯定的目前这种下降了的中间水平或自然水平呢？

严重货币失衡可能已经或尚未以严重低估通货膨胀的形式结束。即使没有低估通货膨胀，难道货币失衡引发的其他痛苦，包括金融机构的失败、严重经济衰退或者萧条以及急剧的资产通缩，还不能证明当时采取大胆行动的合理性吗？欧元本身以当前的形式存在难道不依赖于货币失衡的减缓吗？否则，如何避免欧洲“金猪四国”（葡萄牙、爱尔兰、希腊和西班牙），甚至意大利退出欧洲货币联盟呢？

法国化解 2009 年春季危机的外交手腕

实际上当 2009 年初期经济衰退加剧时，欧洲央行官员们仍然对欧元生存危机问题保持沉默。这在某种程度上是可以理解的。这些官员们意识到欧元区以现在这种广泛的形式（相对于法国、德国和荷兰的狭窄联盟）生存，可能最终会取决于法国、德国和荷兰的选民是否愿意冒着高违约风险向欧洲货币联盟内的外国政府汇款（参见本书第 83 页）。

即便如此，仍然有一些可能不需要这种意愿的支持形式——或者因为这些形式从选举的视角来看是可以伪装的（如欧洲央行向西班牙、希腊或者爱尔兰银行提供廉价“流动性”，这些国家的名单还可以列下去），或者因为这些支持源自其他渠道，例如国际货币基金组织。这家总部位于华盛顿、目前由一个前任法国财政部部长领导的金融机构在 2009 年春季幸运地从中国、日本和美国获得了新的巨额资金支持。仅在几个月前，西方七国还都在普遍谈论国际货币基金组织有什么理由继续存在下去。该组织在全球信贷泡沫时期的所做的分析与采取的行动是如此不称职。

法国的经济外交在伦敦举行的 20 国集团峰会（2009 年 4 月）上取得了巨大的成功，会议达成的主要决议是对国际货币基金组织进行资本结构调整。20 国峰会的全体与会代表都认识到修订国际货币基金组织的贷款规定主要是针对处于困境的欧洲国家。危机最显著的情形出现在“狂野的东欧”（中东欧前共产主义国家）。但更有洞察力的与会代表们知道这之后很快就是欧洲货币联盟的“地中海俱乐部”成员国。

奥巴马新政府承诺将会就向国际货币基金组织提供融资支持争取美国参议院的必要批准（美国政府没有提出关于德国为何仍然是伊朗的头号进口国这样的难题，或者强加条件，如要求欧盟承诺加快波罗的海国家进入欧洲货币联盟的进度——参见本书第 45 页）。日本和中国与国际货币基金组织签署了巨额贷款协议，至少部分是为了与华盛顿保持和平的货币关系。

不太令人理解的是，欧洲央行官员们仍然口若悬河地反复讲退出欧洲货币联盟是不可能的或者是损失惨重的，欧元区成员身份将使那些弱国免受更大痛苦和折磨。例如，在 2009 年 3 月中旬记者招待会上，当被问及弱小政府面临退出压力的问题时，特里谢先生如此回答：

> 至于你提到的关于那些可能面临极度困难的欧元区成员的问题，首先，欧元区是一个大家都可以通过单一货币的存在而获得相当大自动帮助的区域。例如，如果有国际收支逆差，则能够凭借隶属于欧元区这种身份自动获得资金支持。我们不要忘记这一点，我经常说，面对更直接的提问，我不会对任何荒谬的臆想作出评论（任何关于退出欧盟的问题都是荒谬的！）。我对欧元区政府的能力有信心，这些政府完全能够履行各自的责任，能够使各自的人民相信他们正朝着正确的方向前进，并且他们的中长期健康财政政策路径是值得信赖的。

批评家可能会质疑通过欧洲货币联盟的存在支持自动获得帮助这个观点。如果西班牙的经济目前正处于萧条之中，并且私营企业存款赤字大幅减少（因为建设支出大幅下滑、非房地产企业也削减开支、家庭消费兴趣减弱等），那么来自世界其他地区（尤其是欧元区）被特里谢称作“国际收支逆差”的净流入就会相应的逐渐减少（根据公共部门自动扩大的赤字作出调整）。欧元区成员国的身份意味着“国际收支逆差”的减少要比非成员国快。如果西班牙有自己的货币，名义利率就会低于欧元区其他国家的水平。如果有更高的通货膨胀预期，货币贬值就会使实际利率步入负利率区间。因此，私营企业储蓄赤字的缩小就会比留在欧洲货币联盟内部更加缓慢。

廉价的西班牙货币（可能的最终反弹预期一道）将会吸引外国

资本，从而使西班牙储蓄赤字变得更大、持续时间更长（尽管已经出现负利率）。为何这种关于西班牙退出的观点是如此荒谬可笑？毕竟，在金本位时代，各国都放弃了黄金。这种机制与欧元区的退出机制大体相似（参见本书第六章）。特里谢先生曾谈到西班牙政府或是其他实力弱的成员国政府需要说服民众相信，在经济衰退期应实施严格的财政政策并已走上正确的道路，这时难道他没有在历史书上读过德国总理布鲁宁没有从美元本位的束缚中退出，而是在1930年至1932年为挽救德国经济开出了药方并取得一定成果的历史吗？

最终欧洲央行不愿和群：它拒绝接受量化宽松政策

在经历2008年初秋金融体系被冻结和随后的两个季度的经济萧条之后，期间召开的新闻发布会出现了另一个重大话题：即为何欧洲央行没有同其他央行（首先是美联储，然后是英国央行）一样采纳“量化宽松”的货币政策。这意味着一旦无风险利率下滑至零利率区间，就会积极扩大基础货币（尤其是过剩的存款准备金），以便进一步刺激经济发展。

央行没有大胆选择走上这条道路有一个完全值得尊敬的明智理由。尤其是在均衡无风险利率已经降至远低于零的情况下，非传统工具箱内除了有负利率这种高能工具之外如果还会有其他任何安全或者有效的工具将是非常令人质疑的（使用高能负利率工具需要有一个被动的现钞兑换方案——参见本书第五章）。

是的，欧洲央行可以在次级市场购买大量政府债券，但是哪个政府的哪种债券会成为这种操作的一部分呢？这些包括欧洲“金猪四国”（即葡萄牙、爱尔兰、希腊和西班牙）政府的债务吗？这些债务的价格已经反映出某种违约，或是要面临退出欧洲货币联盟的风险。面对零散的超额准备金，为何银行要增加风险性贷款而不是仅仅将这些存款准备金存入欧洲央行（通过其隔夜存款便利）并且向其存款客户征收更多费用呢？如果银行按照没有充分反映更高风险溢价和更多风险的利率（在严重衰退期）发放贷款，并且这种利率超过适合任何情况（特别是由净破产成本和道德风险决定的）的最大杠杆率，他们会发现随着投资者的撤资出逃，他们的股票价格将会大幅下跌。

没错，2009年上半年，量化宽松政策已经在中国“发挥了作用”。在北京中央政府要求各家银行执行贷款配额的指令下，中国信贷规模出现了令人咋舌地大幅增长。不过，这个模式不是市场经济和政治民主国家可以采用的模式。在中国，银行幕后的股东，广大公众没有有效的发言权。在一种行政命令推动下的而非基于市场价格信号指引下的借贷热潮，不会为中国带来新资本的有效配置，而这种配置从长期来看对中国通往经济繁荣的道路以及使其脱离带有众多致命伤的泡沫破裂之路是非常关键的。

在欧洲、日本或美国这些市场经济国家经历了一场金融恐慌和严重经济衰退之后，财务状况良好的公司很可能从股票和债券市场中募集资金，从而率先走上复兴的道路。随着有效需求在复苏的晚期阶段出现，那些在银行信贷市场中作为特别重要的借款人的较弱的公司也出现了。届时市场出清无风险利率的理想的路径很可能再次返回正利率区间。银行贷款增长会与日益增长的银行股权价值相一致。因为自金融恐慌开始以来，许多借款者的风险溢价和风险水平一直在下降。在经济衰退时期，由量化宽松政策创造的大量超额存款准备金开始以前所未有的方式促使货币和信贷扩张的进程更加强劲。

基于央行会对此作出误判，在未出现明显复苏之前，量化宽松政策本身也可能推高中期（如未来3—5年）价格水平的预期。由于担心可能的通货膨胀，再加上央行专注于“长期”将利率保持在异常低的水平（通货膨胀出现时，可能不会提高利率），受到惊吓的财务良好的家庭会选择现在消费，而不愿冒着最终实际货币资产贬值的重大风险。但这些刺激效果是否会特别有力，目前还远不清楚。最强大的效果可能是对货币产生下行压力。央行购买大量的政府债券会使这种压力增加，从而使作为解决公共财政业严重危机问题最终方案的长期货币化的政策更加可怕。虽然他们内心也不情愿，但欧洲央行官员即使想推行这种政策，也与他们根据《马斯特里赫特条约》要“宣誓”遵守的稳定物价的使命不相符。

欧洲央行若强调在相当大程度上应通过自然复苏力量（增加价格折扣以鼓励消费者和公司支出；股票市场上的投机商大胆支持股票价格，使新资本支出的预期收益超过现在衰退期的并维持在一个合理的水平，从而使项目现在可以启动；冻结的金融体系开始解冻继而推动国际贸易和商业信心的恢复）使经济摆脱衰退，那不是更好吗？

在此期间，欧洲央行的官员们的确介绍了量化宽松政策可能会带来的问题（如比尼·斯马吉，2009），但是重点却倾向于关注欧洲央行持有购买的资产的可能带来的损失，而不是关注理论固有的缺陷！这个演讲的见解不太深入，但是还是强调了央行应忽视所有周期性微调，仅将精力放在长远目标，演讲没有分析尤其是和量化宽松相关的问题（参见斯塔克，2009）。演讲的内容与欧洲央行官员的观点没有明显变化。演讲没有脱离原来 1998 年设计的、后来在 2003 年又进一步润色的货币政策框架的那些假说。如果改变了政策方向的和摆脱准通货膨胀定标错误概念的束缚会使欧洲央行的政策制定者与美联储和英国央行的政策制定者们显得截然不同。

如果欧洲央行设计了一个新的货币政策框架——一个与众不同的欧洲备选方案——（如果历史证明是正确的！）欧洲央行将会得到德国央行在 1973 年因不遵从“全球央行银行家的一揽子组合”的政策而所受到的尊敬。当然他们也可能通过一个允许无风险利率降至为零的政策，这也可以证明他们还有可用的工具。但是与之相反，欧洲央行政策制定者们在制定政策时交头接耳，听起来他们不是过度谨慎，就是大脑懒惰，也是有可能两者都有。2009 年 3 月上旬（欧洲央行）新闻发布会的问与答环节显示：

问：主要再融资利率为 1.5%，您是否认为这正接近于极点？上次您提到您认为零利率是不合适的，现在您还这样认为吗？

特里谢：是的，我是这样说过。我们看到了许多与零利率相关的弊端。至于非标准的计量措施，还没有关于任何非标准的计量措施的提前承诺。我什么都没有排除，这将由理事会决定，我们还在观察之中。

问：您刚才说您正在研究实施非标准计量措施。那这是否意味着您在研究可能会实施这些措施的过程或者您在研究是否需要这些措施呢？

特里谢：我们当然既讨论需要也讨论实施过程。并且任何决定都表明我们既发现了需要也同意这个实施过程。

读者可以自己判断欧洲央行在忙什么。但在欧洲金融史上一个特别黑暗的时期内，这种交流不会增强投资者对货币政策制定者们的信心。或许，欧洲央行最终拒绝模仿最新的美国货币政策（这次是量化宽松，上一次是准通货膨胀定标）。但是，欧洲塔的官员们是否意识到未来的挑战是美联储要使用非传统政策工具作为参加未正式宣战的货币战争的武器？欧洲央行的政策制定者们由于自己先前的错误政策使欧元区处于一个如此虚弱的经济状况，这真是太令人遗憾了。如果欧洲央行从货币联盟启动之时就已经为自己制定好一条更好的道路，那该多好啊！

4

审判

现在让我们有请负责这个项目的欧洲货币联盟主管官员们，听听他们的高论吧，他们一直在为欧洲货币联盟辩护（或者更准确地说，他们是在吹嘘联盟所取得的成功）。史蒂芬·切凯蒂和科密特·薛恩霍兹（2008）已经为他们拟好了辩护状。史蒂芬·切凯蒂是国际清算银行的货币和经济学部门主管和经济顾问，科密特·薛恩霍兹是纽约大学斯特恩商学院的教授。在2007年6月到2008年2月间，两位作者前后进行了17次长时间的采访，采访的对象包括欧洲央行的新老高级官员以及其他政策制定者和学者。他们以独特的视角审视了这个机构的发展历程。

两位作者总结道：

> 我们同意受访对象对欧洲央行所作的评价，即该行收获了更多成功而非失望。这些成功也恰恰印证了欧洲央行的设计是完美的，运行也是有效的。展望未来，为了确保金融稳定，欧元区将不断扩大，特别是要作出复杂的安排，而我们将重视由此而来的独特挑战。

审判计划

本章计划首先发现切凯蒂－薛恩霍兹辩护状中所列举的支持案例的主要特征，同时提出质疑。其次，我们会批判性地研究一下欧洲央行的高官们所提供的其他直接证据，尤其是演讲和新闻发布会。最后，我们会对这些证明进行斟酌，特别是要考虑一个关键问题。鉴于美联储推行的货币失衡政策，欧洲央行为了减轻全球信贷泡沫的影响，尤其是为缓解信贷和房地产市场波动所引发的欧元区经济危机，应如何调控其货币政策呢？

欧美央行的现任和前任官员们一直直接或间接地坚称货币政策与已经对全球经济造成重大损失的信贷泡沫及其破裂几乎或根本无关。（私下交谈时，美联储和德国央行的高官下属们自我批评能力令人印象深刻。在美联储内部，可以在区域研究成果刊物中发现这种自我批评的踪迹——例如黑泽尔，2009）

那些称央行无辜的官方声明经得起仔细推敲吗？或者这种一再拒绝对经济崩溃负责的行为揭示了一个是更令人担忧的问题，央行官员们一直在滥用其自主权？

按照德国新自由学派的观点，欧洲央行在欧洲货币联盟中具有宪法赋予的独立性。德国新自由学派认为，对于市场经济良性运转非常关键的机构应不受政治民主动荡的影响。如果对于欧洲货币联盟的这种担心是合理的，那么就需要制定拯救方案——这也是本书下一章的主题。

辩护声明 1：欧洲货币联盟成立了

现在让我们回想一下（切凯蒂—薛恩霍兹辩护状中总结的）欧洲货币联盟支持案例中的第一条。

欧洲货币联盟成功启动了！奥托马·伊辛在接受采访时（评论切凯蒂—薛恩霍兹的辩护状）专门强调了这一点：

> 外部的观察者们明确表示我们会失败，这种观点非常不利。

该报道的作者们就此做了进一步补充：

> 直到 1997 年，仍然有很多人怀疑欧洲货币联盟这个规模如此庞大的机构能否如期启动，某些人甚至怀疑欧洲货币联盟能否成立。然而，时至今日，欧洲货币联盟已经成立了整整十年，欧元也成为 15 个国家的法定货币。欧洲央行理事会的 21 名成员负责着一个拥有 3.2 亿人口、国内生产总值约为 9 万亿欧元的地区制定货币政策。而且，他们在过去十年几乎没出现重大错误。

很明显，辩护状的作者没考虑本书前三章中提出的控告和给予的评论！但是，让我们来看一看声称欧洲货币联盟的诞生非常成功的说法是何等勉强。

联盟成立算是成就吗？

毫无疑问，的确有许多杰出的组织者参与了欧元的启动进程，其中也没有出现因重大技术故障而引起的货币暂停问题。这的确是让那些负责基本细节的人们产生自豪感的一个原因，至少也会使他们如释重负。这版货币并没有像泰坦尼克号一样在处女航中就遭遇灭顶之灾。运钞车将新钞票准时运到，途中没有遭到抢劫，欧元提前发行！（辩护状的作者引用了一位受访人士的话：“后勤运作如此庞大，速度之快、过程之流畅超出众人的想象。绝大多数先前流通的货币几周之内就被取代了，而不是耗时数月。”）跨行转账清算体系高效运行。欧洲央行可以立即限定隔夜利率。执行货币政策（严格控制超短期货币市场利率）的运行框架并没有碰到任何严重的技术问题。

这种对货币联盟工程团队和监管的赞扬忽略了宏观方面的问题。没有发生技术障碍并不能证明创造这种新货币体系就是一种进步行为。要证明这是一种进步行为，首先，我们需要将货币联盟的运营记录及其倡导者的不同意向放在一起考虑。然后，以绝对数量对其运行效果进行评估并与其他方案来进行对比——不管是世界其他地方的现行体制，还是欧洲的反事实体制。

是的，尽管在欧洲货币联盟成立时欧洲央行预留了一些座位，但是这趟列车却在行驶过程中一路壮大（尤其包括西班牙和意大利），而非仅仅将联盟的规模保持在较早的目标，即仅包括法国、德国、荷兰、比利时和卢森堡。但随后的各种事件（尤其是西班牙信贷和房地产泡沫）是否能够说明如果这列火车在抵达最终目的地之前的一站停靠会更好？

辩护声明 2：欧元同先前的货币一样具有良好的保值功能

证明货币体系成功的第二条辩护声明是作者引用的让—克劳德·特里谢所作的评论：

> 我们看到的主要挑战是使我们关于新货币的许诺变成现实：即像先前各国的货币一样，欧元是一种可靠的，能够提振人们信心并具有良好保值功能的货币。

辩护状的作者（切凯蒂等）支持特里谢先生的声明：

> 欧洲央行最初面对的政策考验是其数量众多且令人生畏。显然，当欧洲央行试图从一开始就延续先前央行的优良信用时，它面临着严峻的挑战。由于没有蜜月期或宽限期，欧洲央行也面临着极大的风险。在欧洲货币联盟筹备过程中，任何通货膨胀预期或者是通货膨胀风险溢价的明显上升，都会被认为是政策失败，即使此时该行还未开始实施货币控制。有人担心强大的各国央行行长及其众多员工会摧毁这个金融机构，并且可能会影响新央行对欧元区的关注。欧洲央行将在一片质疑中开始履职。联盟成员良莠不齐包括以前一些通货膨胀较高的国家在内招致了人们对其可靠性心存质疑。

辩护状的作者引用亚历山大·拉姆法鲁西（拉姆法鲁西是欧元创立的一个关键人物。在德洛尔委员会设计货币联盟的蓝图时，他担任国际清算银行的总裁；之后出任欧洲货币机构（即欧洲央行前身）主席。他讲道：

> 我曾担心他们会遇到各种各样的技术问题。但事实证明，我错了。整个实施过程极为顺利。

辩护状的作者也引用了奥托马·伊辛的评论：

> （我刚参与这个项目时）真正令我震惊的是我们缺乏合理的信息（数据等）。我们就像是在为一片未知领域起草货币政策。

对于其存在且没有技术故障的声明的质疑

上面刚刚列举的所有这些沾沾自喜的例子都存在一个问题。基于新货币与旧货币具有同种特质，或借口避免了让欧元区多数民众的生活陷入比原有货币体制更糟糕的境地（很有可能），因而声称欧洲央行或者欧洲货币联盟取得了成功，这简直是厚颜无耻！事实上，如果那些可怕的情景真的有可能变成现实（充其量只能说新货币与原来的货币一样），那么欧洲货币联盟的倡导者倡议成立这一机构的目的何在？

例如，在决定不将预期的混乱公之于众时，拉法鲁西先生是在按照最高民主原则行事吗？如果是在战争时期，对所有灾难事件的保密可能说得通，可现在不是战争时期。

主要在职官员和前任官员并没有宣誓要接受运行风险方面的考察，这是否是欧洲民主程序中的一个纰漏？如果民主程序依然存在，并且将（包括欧洲货币联盟启动可能会演变成一场问题不断的灾难这一重要事实）风险公之于众，那些欧元区公民的民众是否还会继续支持欧洲货币联盟，即使此前他们曾经投票支持《马斯特里赫特条约》（公投仅在几个国家举行过）？

西班牙、意大利、葡萄牙、希腊、爱尔兰在加入欧洲货币联盟之前存在较高的通货膨胀。这些国家的加入的确可以证明欧洲货币联盟在局部取得了初步成功。这些国家的公民有了一种在某些方面比原交换媒介更好的国内交换媒介（尤其是在抑制长期通货膨胀危险程度方面）。可能除了德国之外，其他成员国公民都可以选择更广泛的流动性工具，而不必承担汇兑风险或汇兑交易成本。然而，在作出任何整体评价时，我们都应考虑到这种成功的代价。

最为显著的一个代价是信贷和房地产市场泡沫和随后泡沫的破裂对经济造成的破坏（这些泡沫的形成和破裂及所造成的破坏在新货币联盟内部也是不平衡的）。这种骚乱确实和货币联盟的纰漏及欧洲央行严重的决策失误有关。

辩护声明 3：欧洲央行开发出了一流的预测工具

作者并没有考虑欧洲货币联盟引发的货币性失衡成本，表面原因是他们在泡沫破裂过程中最具有破坏性的阶段到来之前就写完了报告。他们继续在报告中声称拥有技术实力，并将重点放在欧洲央行自己发明的一套预测工具上：

> 欧洲央行开发了一套在央行界具有一流水准的预测工具，并且（如前文所述）例行发表该行员工所作的预测。另外，欧洲央行进行的广泛的研究项目已使该行的应用政策分析与其他主要央行和学术机构的最佳研发成果处于同一领先水平。

遗憾的是，尽管拥有这许多优势，欧洲央行仍在最初十年出现了三次重大货币决策失误。第一次错误出现在 1998 年末到 1999 年初，由于经济疲软价格水平涨幅每年只有 1%，而欧洲央行推行的宽松货币政策致使欧元出现急剧贬值和明显的货币膨胀。第二次错误出现在 2003—2006 年间。新修订的通货膨胀“目标”可能被低估担忧加剧了这一时期的信贷和资产泡沫。第三次错误出现在 2007—2008 年间。当时整个世界，包括欧洲在内陷入了经济衰退。由于担心油价上涨的“通胀潜力”，欧洲央行在经济衰退出现后半年内就将无风险利差提高到近 5%，致使经济下滑加速，金融系统更加窘困。

辩护声明 4：欧洲央行一直致力于建设一个美好的欧洲，忽视了各国利益

辩护状的作者（在同现任和前任高级“欧元官员”的讨论中）继续透露这个观点：

> 欧洲央行内部有一个共识：（即使是在欧洲货币联盟刚启动时）具体国家因素与政策利率确定过程毫不相干。一些受访者在接受采访时表示，他们曾经担心国家利益会发挥较大影响，因此对当时的情况在表示惊讶之余，却也很满意。其他人表示欧洲货币联盟的长期筹备过程——包括欧洲货币机构的联合筹备工作——使欧元区央行官员们就支持欧洲央行运转的货币政策的目标和实施达成了广泛共识。

大家都知道莎士比亚的《哈姆雷特》中有这样一句话：“我觉得那女人表白心迹的时候，说话过火了些！”

当然，决策者们都是欧洲的大人物！然而，德国为何总是在关键时刻发挥主导作用？恐怕这不仅仅是因为德国的国内生产总值占欧元区国内生产总值的 30%，因此便对欧元区有着举足轻重的影响力这么简单！

1998 年秋季出现了小规模金融危机（与俄罗斯违约、长期资本管理公司问题，以及 1997 年债务危机爆发之后东亚持续的经济紧缩有关），而德国是受到影响最大的国家之一。这种情况或多或少地促使德国央行率先于 1998—1999 年之交实施货币宽松政策（参见

本书第 25 至 26 页）。

德国受困于欧洲货币联盟不利的相对成本和物价水平（许多其他国家的货币此前对德国马克出现大幅贬值），以及同时出现的商业问题也促使德国政策制定者在欧洲央行执行委员会上对于 1999 年至 2000 年出现的欧元大幅下滑显得过于自负，这种说法有一定道理。

德国房地产和信贷市场并未出现大热，价格水平也保持平稳（甚至略微下降）。在总体货币局势仍然极度宽松时，德国的这些情况势必导致欧洲央行（在 2003 年到 2005 年期间）出现三大错误中的第二个（参见本书第 29 页）。

德国出口增长的态势一直延续到 2008 年第一季度，同时，德国货币政策制定者非常担心工会（尤其是德国产业工会）将要求为工人加薪，以应对石油价格上涨。这些情况都解释了为何最近会出现如此重大的失误（2008——参见本书第 56 页）。

辩护声明 5：欧洲货币联盟实现了价格稳定和经济稳定！

切凯蒂—薛恩霍兹的辩护状发表于 2008 年 11 月，当时正值欧洲货币联盟成立 10 周年，因此那些受访者在接受采访时难免回顾过去十年的经历。周年纪念是回顾过去、展望未来的好时机。德国央行行长韦伯（对作者）表达了下面的看法：

> 我认为我们的成功就是使价格高度稳定。长期通货膨胀预期已经稳定、处于较低的水平，并且固定在稳定的价格水平。

前德国央行行长（1993—1999）及 1998 年欧洲央行政策委员会创始成员汉斯 . 蒂特迈尔表示：

> 从一开始，欧洲央行就被欧元区内外各界视为一个独立可信的机构。

前纽约联邦储备银行行长（2008年初），现任奥巴马政府财政部长的蒂莫西·盖特纳告诉作者：

> 自欧洲央行制定货币政策以来，欧元区从未出现低于标准的持续增长期，经济增长期也未经历较大波动，而且也确实没有受到通货膨胀的任何影响。这些都表明欧洲央行表现良好。

稳定说中的问题

统计数据显示，在欧洲货币联盟启动之前法国和德国的通货膨胀率每年只有1%。那么在此基础上，欧洲货币联盟和欧洲央行的创立给法德两国公民带来了何种前所未有的益处呢？

实际上，正如前面各章所强调的，面对货币倡导者“通货膨胀可能降得过低”的警告，欧洲央行很可能比原本仍然独立的德国央行更脆弱。这里说的“脆弱”包括没有对国际货币基金组织对德国及真正的全球通货紧缩风险预警作出抵制。很难相信德国政府竟然会与国际货币基金组织，一道共同动摇“原”德国央行（不包括上个世纪90年代，参见下文）作出更好的判断（相反，2003年春季，德国政府、欧洲央行——包括“新德国央行”，以及美国政府都认为存在通货紧缩的风险，尽管这种观点是错误的，参见本书第32页）。

由于严重的货币性失衡，德国央行不会像欧洲央行那样成为通货膨胀或准通货膨胀的定标者。根据记录，德国央行曾在十年内（1975—1987）力图实现一个货币基数目标（央行货币存量），而不是像欧洲央行那样严格地固定隔夜货币市场利率（参见李曼，2001）。这与强调货币稳定性的原则一致，货币稳定促使价格水平保持长期稳定，但是不存在要使消费者价格指数在两年内保持平稳的问题。在筹备欧洲货币联盟时，德国央行的这一原则受到了破坏。当时银行的领导层日益受到德国总理科尔主张的欧洲（和德国）压倒一切的目标的影响，科尔则通过选择一位可能赞成这些目标的货币领袖的方式支持这些欧洲目标。

反事实的危险——原来的德国央行本可以做得更好

进行反事实性设想向来都是危险的。即便如此，也很难想象，如果没有货币联盟，其成员国会单独或一起走上推高通货膨胀之路。如果金融秩序保持不变——德国央行继续享受霸权——那么有可能在20世纪90年代末，就已经作出了一次性汇兑调整，从而使德国马克相对于其主要贸易伙伴的货币出现贬值。在这次调整中，德国的价格水平不会受到任何下行压力。无论如何，我们都不会相信，一个立场坚定、信心十足的德国央行，如果没有加入德国货币联盟以及后来的欧洲货币联盟进而使实力受到任何影响，反而会倾向于实施由伯南克／格林斯潘领导的美联储所设定的当下流行货币政策，并由此受到国际货币基金组织的褒奖。

然而，作为一个新机构，欧洲央行并没有那种自信或意愿去蔑视美联储引领的潮流。在新央行中没有专注于替代货币原则研究，并准备与最新版的民粹主义作斗争的“保守派”。施罗德政府与华盛顿政府同样面临通货紧缩的风险（也同样急需应对策略）。作为一种新的世界货币的发行者、美联储（堪萨斯）年度研讨会或类似策略会的参与者，欧洲央行的官员们乐于在阳光下享受假期，而在这些献计献策会或类似会议中，伯南克通货膨胀定标十原则（在一些异议声中，最著名的来自国际清算银行首席经济师威廉·怀特）杜撰了所谓的流行信条（这十项原则继承了布兰德学说，这一学说认为央行应忽视资产和信贷市场的升温，关注商品和服务价格的变化）。相比之下，德国央行原来的官员们可能会选择呆在家里（伯南克十原则的声明请参见布朗，2008）。

在这个时候（2003年），德国央行无论在领导力还是影响力方面都处在低潮。现任行长恩斯特·韦尔特克（自1999年接替汉斯·蒂特迈尔的职务以来，从来没有上调利率，并在创立欧洲货币联盟的五年里，始终忠于科尔总理，参见马什，2009）已经接受了总理施罗德的公开政治任命。韦尔特克的飞黄腾达首先始自黑森州联邦议会社民主党党首，然后是德国央行区域董事会成员（由黑森州总理大臣艾歇尔任命），再到德国央行的行长（总理施罗德在听取财政部长汉斯·艾歇尔的建议后加以任命）。

在2003年的反事实局势中，德国马克仍然拥有独立性，“尚未腐败”的德国央行仍呼吁欧洲进行货币尝试，很难相信还会有其他任何央行自愿遵从国际货币基金组织或伯南克／格林斯潘的美联储的领导并决定将通货膨胀引入各自经济。如果德国之外的国家已经出现通货紧缩，那么快速且有效的措施可能是本国货币针对德国马克贬值。没有必要立刻采取预防措施，增强通货膨胀率！

那么韦伯和蒂特迈尔先生认为欧洲央行到底给德国带来了什么好处？辩护状的作者根本没有告诉大家！至于盖特纳，如果是在2008和2009年之交、当欧洲经济陷入萧条后6个月之时，他可能不会作出那种评论了！

如果采访推迟到几个月之后，约翰·泰勒教授是否还会作出被辩护状引述的也是奉承式的评论也令人质疑。

> 欧洲货币联盟迄今最大的成就就是这个机构做到了从无到有、处理了交流和不同传统中所固有的问题，并制定了一套能够进行有效地利率决策的政策工具。这应被视为是一项重大成就，因为这种情况是史无前例的。

作为布什首任政府（2001–2005）负责国际事务的财政部副部长的泰勒教授很了解欧洲央行在2003年春季所做的、按照自己的模式向经济注入通货膨胀的决定（正如伯南克／格林斯潘领导的美联储在那时所做的一样）。事实上，在他2009年发表的关于美联储在这场泡沫及其破裂中所扮演的角色的评论中，他明确地提到了欧元区的货币决策错误（然而这些问题只是简单地提到利率高于或低于“泰勒原则”一为计算单独成员国水平而设，最明显的是多数国家“享受”各自信贷和房地产市场的升温，而没有介绍有缺陷的货币原则）。

2008 年年底保罗·沃克尔（未接受辩护状作者的采访）称赞欧洲货币联盟时（沃尔克，2008 年），他对欧元的历史是否熟悉尚不清楚。他在一场纪念赫尔穆特·施密特（德国总理，在他任职期间，欧洲货币联盟于 1978 年欧洲货币体系启动后开始筹备）的会议上告诉齐聚一堂的显要们：

> 今天，在欧洲货币体系成立 30 周年之际，世界经济面临着新的严峻挑战，美元的波动和国际金融体系所受的巨大压力就是这种挑战的现实反映。在重大的不确定性中，毫无疑问，我认为凭借已经建立的共同欧洲货币，欧洲乃至世界必然能够更好地应对这一危机。

正如米尔顿·弗里德曼随后可能会修改他在 2006 年（当时他已届 94 高龄）对艾伦·格林斯潘的赞美一样（祝贺他作为美联储主席能够驳倒自己对美联储的长期看法，认清该机构是货币不稳定的一个根源），如果保罗·沃克尔完全了解现在和随后的局势，那么他可能就会重新考虑那种虚伪的溢美之辞了。

辩护声明 6：欧洲货币联盟启动前后通货膨胀的伪比较

辩护状的作者（切凯蒂和薛恩霍兹）在金融恐慌完全形成之前——即在保罗·沃克尔给予欧洲货币联盟好评之时——完成了他们的作品。他们引用了自 2001 年（假设欧洲央行的政策通常在滞后两年左右才对价格产生影响）到写作期间 HICP 通胀率平均为 2.3%这一数据。而比较的另一数据则是，欧洲货币联盟成立之前的 1991–1998 年间，整体通胀率平均为 2.6%（尽管按照同样的两年期原则，可是他们在评估欧洲货币联盟成立之前的经济表现时，却将通货膨胀极低的 1999 年排除在外）：

甚至是一直在为其联盟成立之前的通胀纪录感到无比自豪的德国也在加入联盟后保持了较低且较稳定的膨胀率。根据德国央行消息，从1965年到1998年，德国的通货膨胀率平均为3.4%（标准差为3.4%），而自2001年以来，德国的通货膨胀率平均为1.8%（标准差仅为0.6%）。

算了，还是不劳他们费神了！

辩护状的作者引用德国在全球通胀时期的通胀率有何意义？全球通货发生在20世纪60年代末和70年代，德国在布雷顿森林体系最终崩溃之后提前走出这场严重通货膨胀的困扰，而随后短暂的史密森体系（1973年3月）使德国央行可以实施独立的货币政策。

至于通货膨胀率的稳定性，这应该是引起怀疑的根源（就像庞氏阴谋的骗子所鼓吹的稳定回报一样！）。那些发现自己正在“理想的天气条件”下推行稳定的商品和服务价格水平（或以稳定低幅上涨的价格水平）而未遇到任何干扰的中央银行应提高警惕，不要将严重货币失衡引入这个体系。通过不出现中间利率和市场利率利差的方式避免将货币破坏因素引入这一庞大的经济机械，需要中短期价格水平，或者价格水平变化的幅度存在一些不稳定性！

辩护声明7：欧洲央行在“困境”中的表现非常出色

该报告的作者进一步对欧洲央行的“通胀记录”提出了令人质疑的赞扬：

在过去十年艰苦的经济环境下，欧元区实现了低幅且平稳的通货膨胀，这最有可能归功于货币政策，而不是运气。自从成立以来，同严重通货膨胀期间一样，欧元区经受了能源、商品和货币市场发展所带来的大规模的价格冲击。

的确，不管通货膨胀是高还是低，其从长期来看在很大程度上都取决于货币体系及在这个体系下实施何种货币政策。但是，“困境”在哪里？在两个重要时期（1999年和2003年），欧洲央行刻意实施推高通货膨胀的政策。严重的价格冲击（可能随后会出现逆转），或者更应该说是实际资源供应的冲击在引发长期货币通货膨胀或通货紧缩过程中的推动作用非常值得怀疑。如果确实要避免出现严重货币失衡，那么从短期来看，各种影响重要价格（如能源）的实际冲击（包括资源突然短缺，或贸易条件出现重大改善）都应在总体价格水平波动中体现。

奥地利学派早就指出，为了平复由于经济的实际变化（例如，贸易波动情况、劳动生产率增长趋势的加速或放缓、实际资源冲击或周期性波动）而引发的价格水平波动，央行会采取政策措施，而这是一个治疗货币失衡的秘方。货币失衡的主要迹象是资产和信贷市场会过热或过冷（参见本书第4页）。

例如在理想的情况下，利率（源于大量白噪音的平均数）通常接近中间水平或自然水平——但在经济失衡时（如严重经济衰退或不可持续的繁荣）会出现显著利差，利差的大小通过无形之手的高效运作而确定（这个无形之手可识别货币基数扩张的步伐，继而通过扩张步伐固定长期价格水平路径）。因此，中短期价格水平（正或者负）会出现向上和向下的显著变化，但是不会出现长期严重的货币通货膨胀或通货紧缩（请注意，如果将长期价格水平预期固定在平均每年1%左右，并且是央行规定的目标，那么从技术上而言，这种结果并不是源自货币失衡的“货币通货膨胀”——参见本书第29页）。

辩护声明8：欧洲货币联盟提高了区域效率和金融效率

辩护状的作者没有提到奥地利学派的概念（这些概念源自约翰穆勒的货币分析理论）。因此，他们没有将2007年夏季欧洲出现的信贷泡沫破灭过程与更早的欧元货币政策失误联系起来。作者也没有将泡沫的动态与欧元创建（和所有有关金融一体化好处的谈论）

带来的欣喜（金融部门所得到的利润）联系在一起。相反，他们评论道：

> 通过确保物价稳定，欧洲央行的政策间接对欧元区的福利作出了贡献。
>
> 其中一个例子就是资本市场和金融体系取得的进步。大部分政府债券市场似乎很早就已经与欧洲货币联盟融为一体了。公司债券和许多金融衍生品市场在过去十年的快速扩张，在一定程度上反映了欧元区稳定的经济环境。
>
> 这些市场的广度和深度有利于该地区储蓄的高效分配。银行逐渐一体化同样也有利于提高区域效率。

目前尚不清楚这里所指的是哪些区域效率——肯定不是指从欧洲储蓄盈余国家（主要是德国）向那些正“享受”信贷和房地产市场泡沫的国家（包括西班牙和英国）贷款。由于对银行同业市场中非常关键的信贷风险（不论是所涉及的机构或其股东）的认识不足，这种转账占了很大比例（参见本书第 14 页）。

辩护声明 9：欧洲央行应对 2007 年 8 月危机的行动值得表扬！

辩护状的作者随后讨论了欧洲央行在金融稳定和监管中的作用，并为其开脱责任。此外，他们甚至对欧洲央行给予了赞赏：

> 作为流动性供给的最终贷款人，近期欧洲央行的经历凸显了该行取得的极大成功。当银行变得谨慎，并且替代性私人资金渠道也已关闭时，欧洲央行于 2007 年 8 月增加流动性供给，积极应对资金利率大幅增加的问题。欧洲央行巴杰特式的边际贷款便利（用来设定正常时期的隔夜利率上限）可被看作是一个在危急中稳定流动性恐慌的自动机制。可以公平地说欧洲央行的流动性供

给机制已经经受住了危机的考验，并且可以满足现今央行的“最佳实践”标准。

可是，这与我们在最后一章中得出的欧洲央行应用假分离原则的结论，即注入巨额贴息冲销流动性，同时推动无风险利率逐渐上升（而不允许大幅下跌）相距甚远。这种假分离原则的应用无论是从货币稳定还是从金融系统稳定角度来看，都适得其反。

另一种方式是为立即降至零的无风险利率扫清道路，从而使贷款业务的边际利润急剧扩大（贷款边际的计算基础是可提供良好股权缓冲存款的银行为这些贷款支付的利率），并促使仍有偿付能力的银行及早实现资本结果调整（参见本书第90页）。本着同样的精神，当那些主要从美国货币市场资金获得回购融资供应的各欧洲银行突然发现资金即将枯竭时，欧洲央行会参与向这些银行提供资金，但此举仅限于紧急情况。

这些（欧洲）银行将被迫在及早用非泡沫渠道来取代这些渠道。货币市场基金是一种泡沫渠道，因为这些基金会刺激投资者，使投资者毫无理智地相信这些基金永远不会下滑到1美元之下。同时，基金经理会错误地评估与欧洲银行的回购业务风险——总体而言，当这些基金不能根据需要支付时，将被视作无风险基金（参见本书第23页）。迫使银行进入非紧急时期的市场将会接近巴杰特原则。这不是欧洲央行实际遵循的路线。

辩护声明10：推卸责任

欧洲央行对指控其加剧了金融不稳定性的主要辩护是，该行在过去十年间强化其监管部门的斗争中过早地失败了（不是欧洲央行的过失）。

在被给予更大的民主责任后，根据2002年7月的艾歇尔—布朗计划，欧盟各国政府和财政部长，最终要负责为金融机构和金融市场“保驾护航”。而德国央行和欧洲央行也在当时关于谁应负责管理所谓不断成长的泛欧监管体系的政治竞争中失败了。但这并不表示如果欧洲央行或是德国央行负责可以比他们做得更好，不过至少在谈论到“监管工作出现问题”时，他们有了一个推卸责任的借口！

至于说借口，作者们随时能找到一箩筐！他们引用奥托马·伊辛的说法：

> 对欧洲央行来说，其特殊之处就是该行面临着复杂的环境。欧洲央行仍是一个年轻的机构，而欧元区非常复杂，这种复杂性不只是语言和沟通上的问题。

几乎无人会质疑这一说法。但是，这些问题有没有在欧洲货币联盟创立之前的主张中加以强调？他们有没有说明抵消了哪些既得利益？

作者还提出假说（可部分排除欧洲央行的责任，但是不能排除欧洲货币联盟的责任），欧元区可能是一个次优级货币区，因此使实施一个适合各方的货币政策复杂化：

> 潜在增长率较低、劳动力市场比较僵化，且共同负担的财政范围有限，因此风险依旧存在。此外正如副行长帕帕季莫斯所言，一些国家——包括希腊、意大利和葡萄牙——显示出了不同后，可能会削弱其竞争力的单位劳动力成本上涨趋势。欧洲央行不会改变其政策利率来限制经济分歧，也不会使增长率持续保持在应有水平之上。

欧元区不是一个理想货币区的假设，可能确实减轻了应由欧洲央行的政策制定者而不是欧洲货币联盟的创立者承担的次优结果这一责任。在欧洲货币联盟创立前，很多人都提出警告称欧洲货币联盟可能不是一个理想货币区。对这一指控，作者们并未作任何辩护。

辩护声明 11：艰辛努力中蕴含的自豪感和满足感

辩护状为欧洲货币联盟和欧洲央行拟定了一个极为有利的总结：

> 受访的欧洲央行官员们明确表达了自己对所取得的成就的骄傲和自豪。毫不夸张地说，数千人通过多年的努力工作不仅使货币联盟成为现实，更使它取得了成功。想要在欧洲货币联盟第一个十年的工作框架或货币政策决策中找到严重失误是很困难的。

《马斯特里赫特条约》经历了前所未有的考验，可却一直行之有效。这一成功应归功于其合理的设计和实践者，而不是因为其过程一帆风顺。

读者在读过这本书的前三个章后就已经了解了这个辩护观点精彩总结的反诉要点。

反诉中的另一个因素应是欧洲货币联盟领导们的沾沾自喜，以及对（至少在任何公共场合）公众的指控失察。这种自我批评的缺乏——或是极少真正（与分期相对）承受来自外界声势浩大的批评（其中一些可能来自于一个运转良好、自由的政治系统—这个系统能够发现错误并采取补救措施，包括偶尔的“杀一儆百”的方式）——一直是欧洲货币联盟前十年的一个显著特点，尤其是当信贷泡沫破裂，这些缺陷显得如此严重之时。

欧洲央行官员同样会沾沾自喜或出现严重的判断失误（只要看看美联储的历史，就能知道这一点）。只要看一看其他主要央行对金融危机的出现及其后续问题的反应，就可以说明此类评论非常中肯。但作为一个具有崇高理想的新联盟，难道不应被欧洲寄予更多期望吗？这就是我们最大的失望所在。

为了支持前文提到的对欧洲货币联盟不利的案例，同时批驳切凯蒂在辩护状中提及的支持案例，现在我们来看一看主角所说的直接证据。让我们先从让—克劳德 · 特里谢行长开始说起。

特里谢的证词介绍

在2008年12月16日欧洲央行成立十周年的纪念日当天，特里谢行长接受德国杂志《B ó rsen Zeitung》的采访时，作出如下评论：

> 对我而言，作为欧洲统一的象征，欧元是非常成功的。自金融危机爆发以来，欧元和欧洲央行就已经成为，稳定民众信心的精神支柱。从这个意义上来说，我相信欧元区公民对欧元的感情会更加牢固。
>
> 对于我来说，欧元最了不起的成就就是我们完全兑现了此前向公民们承诺的欧元同原先的稳定货币一样具有稳定性和保值特点。

遗憾的是，采访的记者没有提到任何对欧洲央行和欧洲货币联盟的指控，而是鼓起勇气问道：

> 问：既然知道我们现在在做什么，是否表示今年（2008年）7月加息的举动是个错误？为何央行行长们承认错误就这么难呢？
>
> 答：长期通胀预期面临失控威胁。此外，我们担心一些欧元区国家的工资和薪金上涨要求会带来第二轮大范围的冲击。利率决定使我们能够控制中长期通胀预期，使其符合我们对价格稳定的定义。顺便说一下，对于预期的重新控制是我们今年10月在危机恶化时能够大幅削减利率的前提。不要忘记：我们中期价格稳定的目标是“低于、但接近2%”。7月的加息必须和“低于2%”的目标有关。我们在9月危机激化后所做的利率下调必须和“接近2%”有关。

我们立刻意识到特里谢先生没有对问题的第二部分作出答复，记者也没有追问。

让我们考虑一下淡然无味的第一部分的答案（为什么要提一个几乎没有任何意义的利率上调25个基点的问题，而这时重要的问题应是为何在当时将无风险利率限定在4.5%或更高，而不是零！）。

直接的答复（虽然问题令人失望）本来应该是——是的，如果我们在2008年春夏就已经作出正确的判断，即在衰退的欧元区经济中，石油市场中的泡沫（从1月）是未来金融恐慌中一个显著的风险，那可能就不会有7月升息的举动了。我们对工资压力的担心是不恰当的，这种担心仍然受历史事件的影响，那时的劳动力市场极度紧张，且对低通货膨胀的预期在石油冲击来临之前就已经放松。

特里谢先生却为2008年春夏严重的货币供应紧张局面进行辩护，而这种辩护甚至无法使最容易被说服的人信服。除非是语言学教授，否则谁会真的对“不到2%和接近2%”之间的区别论述感兴趣？这种通货膨胀定标简直是毫无理智可言，这可能是米尔顿弗里德曼或奥地利学派可能想到的最坏情况了！然而，欧洲央行的官员仍继续重复其运行框架的货币支柱这个口头禅，而这个货币支柱使该行与各国的通货膨胀定标央行截然不同。

特里谢先生最无耻的辩护声明

有谁会真的相信特里谢先生随后在（2009年1月13日）斯特拉斯堡欧洲议会纪念欧元诞生十周年仪式上的辩护声明吗？

特里谢先生：

> 在最近几个月中，我们看到了欧元的另一个好处：金融危机证明，在动荡不安的金融领域，最好是成为一艘牢固稳定的巨轮，而不要作一叶小舟。
>
> 如果没有统一的货币凝聚人心，欧洲能够采取迅速、果断和协调一致的行动吗？
>
> 如果分散成各自独立的国家货币，我们还能够保护自己免受货币金融危机余波的影响吗？

我相信，我们都会为欧洲当局、议会、政府和中央银行的反应感到自豪。我们会一起证明，欧洲能够作出决定，即使在最困难的时候也可以做到这一点！

要想理解这个声明不仅是困难的，而且也是不可能的。

当欧元这艘巨轮的成员陷入严重的经济衰退且其金融体系在雷曼破产的冲击失灵时，其坚固性体现在哪里？如果没有欧洲货币联盟的束缚，一些国家就可以借助更小的船只逃离危机（降低利率和将其货币贬值）。

但事实正好相反，他们都被欧洲央行这些最卓越的领航员带入风暴中心，这其中包括一位在法国和欧洲货币联盟以及德国央行官员们的争吵中持固执僵化立场的行长（前任德国央行行长），该行长在 2008 年年初仍然相信德国还处在繁荣期（这个观点基于德国的出口在经济危机爆发后仍一度繁荣，对其外界的响应落后于世界商业周期这个现实——参见本书第 52 页）。甚至在 2008 年夏天，这些领航员仍然十分担心会出现工资主导的通货膨胀。

事实上，瑞士这个小非欧盟非欧元区小国家在避免经济严重衰退方面比任何欧元区成员表现得都更好（瑞士国家央行实施的是温和的货币宽松政策，而在 2008 年上半年欧洲央行和英国央行却仍然采用货币紧缩政策，并在 2008 年年底将货币政策转向零利率政策）。

特里谢先生提到的迅速、果断和协调一致的行动是指什么？唯一的可能便是特里谢先生在 2007 年 8 月初在度假时授权（但可能不启动——参见本书第 87 页）向“失灵的”银行同业市场中注入无限量抵押资金。此处有人认为（参见本书第 45 页）这个决定是完全错误的（泰勒在 2009 年针对美国的情况提出了一个类似观点）。

至于欧洲央行已无法提供保护的国家货币，特里谢先生可能是指拥有自己货币的意大利和西班牙的情形。如果这些货币仍然存在，他们已经随着经济和金融环境的恶化而大幅贬值了，与布鲁宁式政策相比，这种贬值或许能够略微刺激各国经济复苏的前景（在经济衰退期削减支出，以维持国家的偿付能力）。

特里谢先生的警告和他忽略的警告

事实上，在研究特里谢行长的其他口头评论证据时，常常看到“鼓励”或者“自满”的一面。他在2008年11月中旬的第五次欧洲央行中央银行会议上说道，他是最早意识到信贷市场热度达到危险程度的政策制定者中的一员。他说在2006年担任央行行长全球经济会议主席时，他曾警告：

> 我们知道，一场风暴正在酝酿，但坦率地说，我们并不知道风暴出现的确切位置。我们既不知道会触发这个风暴的原因，也不知道风暴何时到来。

这是一个惊人的声明。

如果特里谢先生和其他央行同事预知了危险即将到来，那么为什么没有针对各种可能的情况制定的应急计划呢？为什么欧洲央行不努力确定欧洲银行业内可能导致危险的实践呢（例如，使用资产负债表外工具以规避国际清算银行对资本的要求、对银行同业市场的信贷暴露不够谨慎、欧洲银行对主要源于美国货币市场的美元回购市场隔夜资金的依赖等等）。这些问题一旦确定，根据《马斯特里赫特条约》的法定授权就会成为欧洲央行与有关当局在布鲁塞尔或与成员国政府讨论的主题。

难道不应该优先考虑一种更有信心的货币政策吗？这种政策可以加快货币流动和信贷增长，同时也是严重货币失衡以及不再固守通货膨胀定标（或其他名字）的迹象。

特里谢不能否认，他早就警告美国住宅房地产市场泡沫可能导致的后果。早在2005年11月，在月度例行新闻发布会上，就有记者提出了以下问题：

问：我能用法语提问吗？我来自加拿大。在公报中，您说您正在观察时局并发现当时存在许多不确定性。在这种情况下，我想知道您是否在担心美国的房地产泡沫，您是否认为，这种情况可能会变得更糟，如果是这样的话，您会改变您的立场吗？

特里谢：就这点，我只想说，我签署了西方七国的最后声明。我们有一个共识，每个大洲各主要工业化经济体都有其自身的工作要做。至于欧洲，我们关注的工作是结构性改革。大家都认为结构性改革是绝对必要的。看一看美国就知道这点毫无疑问，美国的主要问题是经济中的储蓄过低。因此，我们同意这种判断，并且认为必须弥补这些缺陷。我们也赞成必须坚决地纠正弥补这些缺陷。这是我想就这一点表达的观点，但很明显所有主要国际经济体中都存在必须弥补的缺陷。

需要注意的是，特里谢先生根本没有回答有关房地产市场泡沫的问题！

他提到了每个国家应完成各自的工作，但根本没有提及发生在欧洲和美国的严重货币失误，而这些央行应对这些失误负责（但央行不对储蓄行为和结构性改革负责）。

在提出这个问题时，欧洲央行刚刚将 2% 的利率小幅提升。自 2003 年以来（参见本书第 37 页），官方汇率（以及相关的市场利率）一直处于固定状态，尽管欧洲信贷和房地产市场出现升温迹象，同时也出现了其他货币失衡现象（参见本书第三章）。为什么特里谢先生如此肯定，“低储蓄”是美国经济真正的大问题，而不仅仅是一个由伯南克／格林斯潘战略引发的日益严重的巨大货币失衡症状？

事实上，特里谢先生很早就发现信贷市场升温并以此为荣。2007 年 9 月 11 日，他在欧盟经济和货币委员会的一次专门会议上说道（在这个会议上，他要解释 2007 年 8 月欧洲央行所实施的巨额贷款业务），他已经在 2004 年 12 月出版的第一期《欧洲央行金融稳定评论》上说过：

> 我们说过，对高水平风险的偏好正鼓励投资者在众多的市场和资产类别中寻找收益。

那次特别的讲话（2007年9月11日）的其余部分就是对已经采取的行动进行习惯性鼓励——我们认为这种行动正在严重地破坏经济和金融（参见本书第49页）。不过特里谢先生曾作出过如下（关于欧洲央行政策制定的）自我诅咒式的评论：

> 我们一直认为，我们的货币政策立场仍然是宽松的。

伴随着信贷泡沫破裂的种种迹象（除了由于银行中介业务的增长，欧洲央行银行贷款的数据仍然持续增长了几个月，而这些数据部分地抵消了影子银行系统的迅速萎缩），信贷市场出现了严重动荡，之后仅仅4个月，欧元区就出现了经济衰退（2008年1月），同时货币市场利率提高到了5%！

特里谢先生为站不住脚的分离原则辩护

可以在2007年9月特里谢行长的新闻发布会上找到更多类似的误判。特别是他将错误的分离原则介绍给听众（或观众）——根据这个原则，欧洲央行制定了一套应对货币市场流动性短缺的政策和另一套针对价格水平稳定性的政策：

> 我们不要将适当的货币市场运作和货币政策立场混淆在一起。明确区分这两个因素是非常重要的。据现在的观察，需要在作出校正之前校正因素（我之前在一些金融文章开篇之处就已经阐述过这个观点）。通常在这种情况下，校正波动的程度有时很高，有时也会出现很大程度的低估。同样，我们应在央行范围内发挥非常重要的作用，既要关注中长期通货膨胀预期的稳定，又要充

分理解中长期的相关趋势。我们要理解世界经济，理解每一个特别经济体，另一方面，还必须关注货币市场适当的运作。

会议上，有个记者提到了分离原则，虽然只是一带而过（鉴于时间紧张和其他限制因素，不应责怪这名记者）：

问：欧洲央行明确区分了向中期货币市场提供的流动性帮助和中期货币政策这两个概念。一些经济学家认为，两者无法真正区分，您要使用货币政策，比方说，利率工具，来重建金融市场的信心。您会对这些经济学家说些什么？就此，您有何看法？

答：正如我所说的，我们有我们的责任。如果我们告诉市场，当前短期的考虑妨碍了我们履行中期责任，那么情况就不会得到改善，而会变得更糟。放弃稳定的通胀预期可能是在目前这种情况下我们能做得最糟糕的事情。

特里谢先生（或他的政策制定同事们）没有提到下面两个关键问题。

第一，信贷泡沫破裂的同时，欧元区无风险利率水平肯定会显著降低，而欧元区的目标是要实现总体均衡（即使风险资本的均衡成本可能会同时上升，并且全部风险类型的平均利率降幅会成为争论的焦点）。

第二，选择隔夜货币市场利率和作为货币政策恰当操作目标的一个利率的做法已不合时宜。银行间隔夜借贷的信贷风险异质性也表明利率应通过一组（如果不是人为地限制）而非一个适用于全部情况的单一利率得出。

特里谢先生 2007 年 9 月惊人的误判

在 2007 年 9 月举行的记者招待会上，特里谢先生请观众放心，美国的大幅经济放缓（或衰退）不会给欧元区带来重大影响。在最初的吹风会上，他提到：

> 预计全球经济活动仍然保持强劲，因为美国可能出现的增长放缓大部分会被新兴市场的强劲增长所抵消。这将会继续支持欧元区的出口和投资。此外，随着就业情况进一步改善，欧元区消费增长会随着时间的推移得到进一步加强，并且与实际可支配收入的增长一致。

在经济衰退前夕，欧洲央行预计（无论是在2000年年底到2001年年初或2007年年底）欧元区将会处在风暴的边缘，这似乎会危害欧洲央行的职能。或许这种危害可以追溯到欧洲货币联盟的筹备期，那时联盟倡议者认为，货币联盟的出现将减少美国对欧洲的冲击（货币联盟的效果）。考虑到欧洲央行进一步深陷世界信贷泡沫危机，包括处于信贷泡沫中的美国，人们在2007年夏季就已经有理由怀疑这一假说。

特里谢先生忽略了美国货币政策的危险

当我们回顾特里谢先生于2004年7月的答记者问时，事实就已浮出水面。欧洲央行已经关闭了所有可能对美国货币问题发出警告的警铃。下面是现场的问答，请听好：

> 问：特里谢先生，请问美联储昨天（2004年7月1日首次上调利率——实际上仅上调了一点点——因为格林斯潘/伯南克领导的美联储采纳了引入通货膨胀的政策）上调利率的行动对欧洲央行的决策有没有影响？
>
> 答：大家都有责任，全世界都有责任。当然了，大西洋对岸的美联储应承担重要的责任，而我没有义务对此作出解释。我们有我们自己的责任：美国是美国，欧洲区是欧元区！我们属于两个不同的世界。在商业周期内，我们有着不同的基础和不同的情况。

此外，美国和我们都要为这两个不同地区的价格稳定负责。所以我们不受大西洋对岸美国决定的影响，也不会受英吉利海峡对岸的英国决定的影响，更不受世界其他地区决定的影响。基于我们对当前局势的分析，我们并没有改变货币政策立场。同样，基于对欧洲的评判基础，我们是公正的，并保持着警惕。

当然我们必须小心谨慎，以免在新闻发布会的问答环节对声明作出不恰当的诠释。

也许如果特里谢生有时间反思或修改的话，他可能就不同意那时所讲过的话！即使如此，我们仍应对这段内容加以批判，因此特里谢先生和其欧洲央行的同僚在谈论欧元区的独立性或欧元区不受美国影响时是在自欺欺人。

原则上讲，欧洲央行本该制定一个与美国货币框架截然不同的框架，但他并没有这么做。在 2003 年春季，该行仿照美国施行了阻止通货膨胀下滑到一个过低水平的货币政策。那么特里谢先生说“我们不受大西洋对岸美国的决定的影响”有什么意义？欧元区不受美国的影响这种说法仅在本月是否将政策利率提高 25 个基点这个问题上是真实的！考虑到大西洋两岸货币政策的相似性和信贷市场彼此的高度依赖性，特里谢先生本该更多地关注美国的货币行动！如果信贷市场的一个主要部分——在这种情况下是美国——过热，那么同样的情况也正发生在欧洲市场！

对其提出批评的原因是：欧洲央行内部滋生出一种偏狭自负，而实际上，欧洲央行和欧洲金融市场与美国动向的关系已比欧洲货币联盟创立之前更加保密。促使美国和欧洲的信贷和货币发展彼此依赖的一个主要因素是在 2004 年和 2005 年期间，欧洲央行对欧元对美元的汇率非常关切。

特里谢先生戴着法国货币外交官的旧帽子

欧元兑换美元的汇率攀升至 1.30 促使欧洲央行领导们实施危

机应对措施。特里谢先生沉醉在西方七国峰会曾经的外交官角色上（2003 秋季被任命为欧洲央行行长）。此刻他正试图使欧元贬值，推动东亚货币升值——参见本书第 17 页。尽管欧元区已经处在经济衰退之中，可欧洲央行似乎面对欧元兑换美元直奔 1.60 的情况表现得非常坦然，这种对欧元升值难以置信的反应令人迷惑不解。

由于信贷和房地产市场不断升温，2004 年欧元对美元升值拉响了欧元区的警铃，欧洲央行的政策制定者希望走上独立（于美联储的）道路的意向就这样化为乌有。

特里谢先生在 2005 年 2 月的记者招待会上表示：

> 在欧元区国家——我们应将欧元区视作一个整体——我们看到信贷活力可以推动房地产市场增长的迹象。而这需要我们提高警惕。

然而，利率并没有上调——直到今年年底才仅仅上浮了 25 个基点。

在 2004 年 12 月召开的新闻发布会上，特里谢先生告诉在场的人，他认为近期欧元的升值是“不受欢迎的”，也是“野蛮的”。

由于欧元的强势，欧洲央行正在抵制从紧的货币政策，这则信息已经在本书作者同欧洲央行官员的私下交谈中得以确认。较为合理的说明是强劲的欧元首先意味着更低的通货膨胀，其次是比总需求更弱（考虑到一些关键工业部门，主要是德国部门的利润下行压力）。这两种转变都应该解释为，作为一个整体的欧洲地区要对所谓的中间利率和自然利率作出下调。

这样分析的危险是夸大了欧元区内汇率通胀预期的暂时浮动以及欧元区均衡利率的重要性。欧洲央行借助延迟利率上浮，对近期通货膨胀的利好消息作出反应的做法，可能会破坏为保证货币政策独立而赋予欧洲央行的绝缘性。面对美联储点燃的这把火，这种绝缘性可以避免欧洲信贷市场升温。

欧洲央行的官员——至少是谈论上述问题的官员——并不这样

认为。他们认为欧元的升值、美元的贬值是“世界经济不平衡”的征兆，而这种不平衡应该被恢复。

于尔根·斯塔克教授的证词

考虑到德国央行在其鼎盛时期（1960—1989？）一直强调的内外部稳定性（和关注内部稳定性的重要性）的潜在冲突，货币历史学家们可以想象得到德国央行的官员是不会关心全球不平衡问题的。的确，2006 年 6 月，欧洲央行执行委员会（拥有的权力更加有限，因为特里谢行长利用任职交替之便将伊辛的研究和经济帝国一分为二）会员奥托马·伊辛的德国继任者，前任德国央行副行长于尔根斯塔克教授这样说道（2008 年 12 月 10 的演讲）：

> 欧洲央行的使命是保持中期价格稳定。无论在平时，还是在危机时期都必须始终履行这个使命。适合履行欧洲央行使命的货币政策立场完全依靠该行对价格稳定的风险平衡的评估，而非其他因素。

迄今为止，这个含糊的声明意味着欧洲央行不会以牺牲内部稳定为代价而换取汇率稳定，严格地遵守了德国央行的长期原则和实践经验。

令人不安的因素是似乎斯塔克教授，即使在近期，仍没有准备去面对这种可能，即由欧洲央行（在加入欧洲货币联盟之前，德国央行从未采用）设计的通货膨胀定标或准通货膨胀定标的框架是有根本缺陷的。这个框架奥地利经济学家得到长期维护，而作为国际清算银行首席经济学家的比尔 怀特也曾在全球信贷变暖时对其进行争论过。

相反，斯塔克教授像特里谢行长一样，只是说着同样淡薄的观点：

> 我们不应忘记，如果没有欧元，现在的欧洲会呈现出怎样的面貌。欧元区国家的经济将显著恶化，同时会出现多重危机，货币危机会随着银行危机和国家经济发展的中断一同出现，最终国家间的政治关系可能会变得紧张。通过消除汇率障碍，欧元减轻了由国家经济或金融危机引起的传染风险。从这个意义上说，欧元是困难时期一个非常重要的稳定因素。

虽然没有证据，但这些官员们仍反复提及欧元的重要作用。

作为前任德国央行行长，斯塔克教授似乎没有意识到欧元怀疑论者会提出相反的观点，其中一些欧元怀疑论者曾在原德国央行担任最高职务。他们认为欧元可能已经使危机恶化(参见本书第63页)。

当然，斯塔克教授不耻于重复全球经济失衡会对国际经济环境会造成危害的观点，以及全球经济失衡如何成为制造了世界信贷泡沫中美国“核心部分”的重要因素。大约一个月前，他在评论经济危机中全球经济失衡的影响时也曾这样说过。他在讲话的最初引用了歌德的名言：

> 错误在行动上无休止地重演。因此，我们必须不知疲倦地用言语重复这些真理。

公平地说，这句引言似乎应该放在他关于宏观经济问题演讲的部分，而不是对全球经济失衡重复部分。

在演讲中，斯塔克教授痛陈宏观经济政策导致了这场席卷美国和欧洲的危机，但表面上，他避免将危机归罪于货币政策：

> 世界各地的扩张性宏观经济政策导致了宏观经济不平衡的出现。这些政策造成了猛烈的信贷扩张、房价过高上涨和严重货币账户失衡，尤其是在美国和包括部分欧元区国家在内的其他地区。

克里斯蒂安·努瓦耶的证词

法兰西银行（法国央行）行长，欧洲央行前副行长克里斯蒂安努瓦耶在 2008 年初秋（10 月）的周年庆祝仪式上以“一个创始人对欧元作为一种全球货币的看法”（在位于华盛顿的彼得森国际经济研究所）为标题的讲话中发表了自己的看法，但是我们在他的演讲中没有发现任何自省和批评。下面是他沾沾自喜的发言片段：

> 实际上，在危机期间，我们从工作中获得的主要满足是在基于自愿原则的理事会上，进行高效地集体交流和问题讨论，并本着增进友谊和互相尊重的精神分享观点、交换意见。(作者评论道：如果这么自豪，为什么还那么保密，阻止将讨论细节公之于众呢！）我很荣幸能成为这样一个组织中的一员。总之，可以公平地说，欧元已经通过了测试并且从当前的困境中顽强地走了出来。欧元体系将继续以履行其制定的价格稳定的目标为首要任务，同时努力实现更广泛的金融稳定目标。所以欧元区已表明，这个区域已经准备好履行一个作为 21 世纪世界国际货币体系真正一员的全部义务。

欧洲央行和美联储向经济领域导入破坏因素了吗？

我们暂且把这些自我赞美之词放在一旁，先看一看对欧洲央行在前十年的中间几年工作的赞美中存在的一个基本问题。

这时形成的全球信贷泡沫在很大程度上是因为美国和欧洲货币失衡政策吗？

或者为美国和欧洲央行辩护的声明是正确的：即货币失衡的根源在于货币市场之外，是由“不可持续的全球失衡”（暗指东亚储蓄过剩和美国储蓄不足）造成的？

评估欧洲央行在货币失衡、信贷市场和房地产市场泡沫中的作用时，除了为欧洲央行和美联储作一个联合测试之外，别无他法。

施行类似货币政策的两家央行在全球信贷市场的升温过程中发挥着关键作用吗？如果是的话，我们可以思考一下下面的反事实问题：采用完全不同于美联储的货币政策立场的欧洲央行是否能够使世界信贷市场（最重要的是欧洲信贷市场）降温？

艾伦·格林斯潘认为不应指责美联储（或欧洲央行）

认为央行不该为全球信贷泡沫承担责任的观点（通过其货币政策立场）来自于前任美联储主席格林斯潘。这倒是有一点令人惊讶。

如果格林斯潘能够承认央行的货币政策失误起了一定作用——套用约翰 穆勒的隐喻就是央行的官员们将一个巨大的货币破坏因素投入经济机器内——便可以使那些认为自由市场经济种固有的更为基本的缺陷应对货币失衡负责的批评者失去理论基础（如自由市场经济在全球资本市场的表现效率低下或者不能像东亚地区那样有与市场“匹配”的高储蓄倾向、拥有在世界更广大范围内投资的机会等）。

为了解救自由主义（以符合他长期拥护的艾因·兰德理想主义），格林斯潘不得不承认他的政策有一定的缺陷——或者至少应该承认受到来自普林斯顿大学的新任理事本·伯南克教授（刚从普林斯顿大学出来的新理事）的糟糕建议的影响，2003 年他在决策上出现了动摇。没有证据显示格林斯潘曾公开承认以上错误，甚至他自己也从未认识到这个错误。

格林斯潘不同意过度宽松的货币政策应对货币失衡负责。他指出，尽管美联储在 2004 年中期稍晚已开始提高主要隔夜利率，但是长期利率仍然保持在很低的水平上。他将此（缺乏长期利率响应）归结于东亚巨额储蓄盈余。援引 2009 年 3 月 11 日他在《华尔街时报》的一篇文章（“美联储没有引发房地产泡沫”）：

> 关于危机的起源，有两种广泛流传而又相互对立的解释。第一种认为是美联储“宽松的货币政策”导致美国出现房地产泡沫。

第二种看法认为引起投机行为的低利率政策才是罪魁祸首，这种看法似乎更可信些。然而，起重要作用的利率不是联邦基金利率，而是长期固定抵押贷款利率。2002到2005年期间，住房抵押贷款利率引起美国房价连续11个月发生变化。房价和抵押贷款利率的关联性非常显著，并且这种关联性而非联邦基金利率是房价上涨的更好指标。这没有什么可大惊小怪的。毕竟，长期资产的价格总是由扣除资产相同期限的利率收入决定。据我所知，没有人运用隔夜利率来确定房地产的资本化率。

在2004年中旬，当抵押贷款利率没能如预期回应美联储的紧缩政策时，美联储开始敏锐地意识到货币政策与抵押贷款利率之间没有关联。此外，数据显示，房屋抵押贷款利率甚至在很早以前就逐渐与货币政策脱钩——在世纪之交出现长期债务工具套利全球市场之时。1971到2002年期间，联邦基金利率与抵押贷款利率的步调基本一致，两者的关系系数高达0.85。然而，2002到2005年期间，两者的关联性几乎已经不复存在。

全球长期利率下降的可能原因是20世纪90年代初期很多发展中国家由高度的中央计划经济向更具活力的出口型市场竞争经济转变。在这一背景下，中国以及其他许多新兴经济体的经济快速增长，从而导致出现与计划资本投资相关的计划储蓄盈余。这些事先储蓄盈余又推动全球长期利率在2000年早期到2005年期间逐渐走低。从统计学的角度来看，许多国家的长期利率下降既解释了房地产资本化率的原因，也是其最可能的成因。全球房地产资本化率的下降和趋向导致了全球住房价格泡沫。

在批驳艾伦·格林斯潘的辩护声明之前，让我们先看看他的继任者，新任美联储主席的主张。

本·伯南克坚持认为央行没有制造经济泡沫

格林斯潘的继任者本·伯南克教授在2009年春季的一次演讲中，

大张旗鼓地在格林斯潘的基础上进一步阐述了他的看法（佐治亚州亚特兰大市莫尔豪斯学院）。他模仿逾越节宴会上的“四个问题”的方式，以下列几个问题作为开场白：

我们如何走到今天这一步？我们的金融体系为何分崩离析？

然后简单的问题开始复杂化，这是一个危险的信号！伯南克继续说：

这个问题的答案非常复杂。专家们对于各种解释的重要性存在分歧。在我看来，我们需要研究在过去10年或更长时间内储蓄和投资模式在世界经济格局中的演变，也需要考量这些变化如何影响美国和其他国家信贷市场。在过去的10到15年中，美国及其他一些工业国已成为大量外来储蓄的接受者。大部分储蓄来自亚洲快速增长的新兴市场国家和那些消费落后于收入增长的地区，及石油输出国，这些国家的收入无法在本国地区发现高利润投资机会。美国外来储蓄净额在1995年占GDP的1.5%，2006年达到了国内总产值的6%，现在大约相当于8250亿美元。如果一个国家能利用这些外来储蓄资金进行合理投资，外来储蓄资金必将创造客观的收益。遗憾的是，美国和其他一些国家并不总是能够做到这一点。面对过剩的可用资金，金融机构激烈地争夺借贷人，从而导致这段时期内发放给家庭和公司的风险贷款都变得相对低廉易得。

驳斥格林斯潘和伯南克先生的证据

在继续伯南克的进一步解释之前，我们先回顾一下格林斯潘所谓的长期与短期利率没有关联的判断吧。最初大家普遍认为2002—2005年出现的长期利率和短期利率之间的关联性缺失在不是什么大问题。

长期利率已经出现贴现现象，尽管有一些怀疑，或者尽管2003年底由国际货币基金组织和央行官员们发表的通货紧缩风险声明也拒绝承认贴现现象（长期利率的贴现非常明显，这可以由远高于短期收益的长期收益印证。越来越多的迹象表明，2003下半年美国经济进入了一个向上增长的周期，同时市场不是美联储对通货紧缩的担心在减退，因此长期收益出现大涨）。将通货膨胀引入美国经济的特殊历史性政策（尤其是在对其合理性提出质疑的背景下），很可能会给短期利率和长期利率之间的正常关系带来一定影响。长期收益在2004至2005年期间没有大幅增长，是因为美联储最终对联邦基金利率实施了一长串微观调整，这个现象与该政策一直被忽视的简单假说相符。

此外，对央行政策的解读本身就可以影响预期形成的过程，这个过程决定了利率期限结构中的最新利率。央行官员们在许多发言和评论中，尤其是伯南克行长强调——“亚洲储蓄过剩”及其假设对均衡利率产生下调影响的言论在2004至2005年的经济扩张期间，必将在遏制长期利率上升方面发挥一些作用（即使依我们看来，这个假说非常可疑）。

将货币利率固定在远低于均衡利率的水平会使风险溢价（见下文）普遍下滑，包括长期常规性政府债券收益中的通货膨胀风险溢价也会逐渐降低。

最后，随着房地产和信贷市场的持续升温，经济持续繁荣，阻止长期美国政府债券收益上升，可能会使一些市场人士越来越担心当泡沫破裂后，会最终出现严重的经济衰退和金融危机！如果将长期收益与后泡沫时期可能低得多的价格增长率（甚至价格下降）进行比较，这些长期收益已经相当高了。

总而言之，长期利率和短期利率之间缺少高度相关性证明了美联储对2003至2005年期间的长期利率水平没有任何影响的说法完全不可信。两者之间的关联性从来没有这样紧密，但是正如格林斯潘所言，在一段较长时期内，两者所给出的统计数据显示它们没有相关性。此外还有一个让人无法相信的观点是：东亚的储蓄盈余能够使全球均衡利率水平（中间利率或是自然利率）出现大幅下滑。

数字证据漏洞百出。国际收支统计员计算的亚洲储蓄盈余评估与观察到的额度有关，而在经济失衡的情况下，这些估算与基本储蓄盈余有很大不同。甚至估算过程都存在严重的统计问题。

例如，虽然中国记录的储蓄和经常性账户盈余在顶峰时期达到了每年4000—5000亿美元，但是基本储蓄额还不到这个数字的一半。

中国超过50%的储蓄盈余出现在商业部门，在过度宽松货币政策（以及其他方面）的推动下，中国大型国企从向美国的出口中积累了巨额留存利润（未给股东分红）。事实上这样的运行模式有一定的合理性。中国政府任命的经理比美国的经理（尤其是底特律的经理们）醒悟得更早，他们知道这种繁荣不会长期持续下去，他们应该走蚂蚁那种勤奋可持续的道路而不是像蝗虫那样放弃生产而将所有资源都耗费掉。在随后的经济衰退中，像蚂蚁一样的国家的消费能力对全球经济表现出一种积极稳定的影响！

此外在21世纪第一个十年的中期对中国巨额贸易盈余的低估中，有一个需要注意的纯粹统计学要点。官方对中国贸易和储蓄盈余的记录夸大了现实，因为为了回避国外资金贷款（主要是美元）的限制，中国公司广泛使用贸易发票技巧（少计进口，多计出口），从而利用人民币的持续升值进行投机。

所以作为说明，让我们假设在2001—2005年间，中国的基本储蓄盈余和经常性账户盈余增加了不到2000亿美元。我们是否可以相信这对全球均衡利率水平产生明显的下行压力？尤其是当我们考虑到与之相对的上行压力，比如说布什2001年宣布的减税政策和随后放宽公用事业支出限制或是放宽信贷市场创新（不是所有的都像泡沫一样），从而使更多家庭可以利用信贷市场。

此外，华盛顿、巴黎和法兰克福不光彩地结成联盟，并于2003年（迪拜峰会，参见本书第17页）成功突袭亚洲美元区，促使资本从亚洲美元集团国家转向美国时产生风险溢价。在这个新风险溢价出现的同时，美国中间利率和自然利率必定会向上浮动（东亚中间利率和自然利率向下调整）。

总而言之，人们普遍认为央行政策应是导致长期利率很可能低于美国和欧洲 2003—2006 年期间均衡利率的主要原因。但央行辩护者的反驳到此并未结束。下一步反驳的关键是否认格林斯潘发表的声明，即否认长期利率，而不是货币市场利率（货币市场利率主要在央行的控制之下）或是其他货币措施在信贷市场和房地产市场升温中发挥了关键作用。

事实上，可以说是极低的短期利率和预期央行将长期推动这些利率下行（如短期利率和中期固定利率所体现的）刺激投资者产生了“收益不足”的看法。为了维持或确保收入，在他们的投资组合中，投资者愿意承担更大的信贷风险敞口，并且愿意接受风险溢价降低。同样，他们也更积极地寻找优秀人才，以便创造出高于其他高效市场微薄利润水平的收益率。

由于利息的市场利率一直低于中间利率或自然利率，并且这种情况持续时间很长，因此，由于收益不足引发的需求，明显可由资产（包括优秀人才）供给变为自我供给。货币失衡背景下出现的非理性繁荣正在不断扩大。

在利率水平远低于美国经济恢复繁荣时期稳定水平的情况下，风险信贷票据和房地产的价格出现上涨。反过来许多市场参与者或许会根据一些实际因素（或“投机转移”，参见埃力伯—金德尔伯格，2005），盲目乐观地解释这些上升现象——例如房地产开始出现全民置业或在社会转变推动下的住房需求——这些反过来导致进一步上升的预期。繁荣的建筑业和金融业（直接或间接地）吸引了世界各地的储蓄，这些储蓄最终将降低美国经济中其他行业的资本成本（关键是资本股权成本），同时提高了那些部门的投资水平（要将全球储蓄引导至美国找到这一替代投资机会变得完全具有可操作性之前还需花费一定时间。创造性毁灭的过程，包括良好投资机遇不会迅速出现。在此期间，受起初美国经济复苏缓慢影响，亚洲储蓄盈余会被压制在远低于其均衡利率的水平）。

而在美国住宅房地产市场中，信贷资产被大量转换成浮动利率形式，然后被快速增长的信贷对冲基金（本身也在高速增长）或银行（银行继而发行资产抵押票据）资产负债表外工具吸收。因此，投资者的泡沫化抵押信贷资产市场的深度是投资者要求浮动利率票据具有更高收益的一个因素。这是格林斯潘在关注长期抵押贷款利率时完全忽略的一个要点。风险日益增加的抵押贷款的可利用性是低于均衡浮动短期利率的一个功能。

指控美联储对欧元审判的影响

以上讨论也适用于欧元区。收益不足越来越普遍，致使欧洲利率低于均衡利率水平，进而导致一系列信贷票据的需求和供给迅速出现。

在欧洲，还出现了住房抵押资产担保票据，其中大部分源于西班牙和英国的房地产市场泡沫，此外，还存在杠杆化的企业贷款市场和高风险的欧洲企业债券，它们其中很多被对冲基金或银行资产负债表外工具吸纳。

鉴于可以利用货币掉期市场的金融工程涉及全部领域，欧洲高风险债务供给和需求在某种程度上仅会得到美国货币失衡的支持。事实上，伴随着欧洲货币失衡，以欧元计价的信贷票据的欧元供给和全球需求增加了，同时也刺激了美元信贷票据的美国供应和全球需求。

货币失衡影响的不只是信贷市场。原则上，在信贷市场与股票市场之间存在风险套利流动。风险溢价很有可能会普遍下滑（无法精确计算股票市场的风险溢价——或任何其他市场——因为多个时期的期望收益是无法观测的。此外，在旁观者眼中以及某些市场情况下，尤其是和“投机转移”有关时，我们的观察是高度异质化的）。

风险溢价的最大下滑来自欧洲和美国杠杆化（资产负债表外）不断提高的银行业对收益和风险的评测，这一解释看似很合理。理论和实践均表明，信贷市场和股票市场之间的风险套利有时是相当缺乏弹性的。在纳斯达克泡沫破裂不久，即 21 世纪第一个十年的中期，这种弹性的缺失是资产分类（例如，企业债务和股权）中风险调整收益率均衡的一个主要障碍，并且使很多投资者（根据各自投资组合的利润边际）远离股票风险。

假设在这当中，欧洲央行坚持不采纳“引入通货膨胀”的政策，并尽力避免利率长期远低于中间利率或自然利率。那么现在全球信贷和房地产市场的热度应该有很大不同！

首先，要考虑的是欧元与美元利率之间的相关性。如果欧洲央行针对通货膨胀预警采取了措施，那么美元在2003—2004年就会急剧下降（主要是兑换欧元），届时，伯南克／格林斯潘领导的美联储将不得不加快利率上升的步伐。因此美国货币失衡很有可能通过汇率的冲击——美元下滑（和美国通货膨胀预期的暗示）——而减弱。

其次，在各种货币的浮动利率资产中，一个以欧元计价的重要领域会产生良好的收益，从而缓解潜在的收益不足，使世界各地的投资者不用承担低于正常收益率的额外风险。即使如此，欧元也将会被哄抬到一个非常高的水平，在那些把收购重心放在欧元区以外的投资者看来其实际收益率将会随着以后的削减而受到一定程度的损害（一旦美元利率恢复到中间水平）。但是对那些准备在非美元国家投资的人来说，一旦美国的超宽松货币政策结束，通过提高兑换率收益的预期，美元实际收益率就会从一个极低的水平得到提高。

欧洲央行不能独自解决由美联储引入通货膨胀政策导致的储蓄收益不足，但是这一压力会被许多具有国际眼光的投资者的投资抵消。事实上，美元市场的国际投资者（不是美国国内投资者）已经发现欧元区一部分高收入会被引入美元市场。

最后，欧元区国内信贷市场的热度不会这么高。随着欧洲央行快速将利率转向中间利率，抵押贷款和房地产市场会始终保持较冷的状态。例如，在西班牙和意大利等高利率国家，银行将不会突然获得大笔收益，进而促使它们的股票市场过热，这就意味着它们的管理团队不太愿意继续执行激进的扩张路线。

即便如此，欧洲的银行还是无法摆脱美国货币主导的信贷变暖的影响，即使美国市场升温的影响可能更小（由于兑换率对美国货币政策的必然影响）。美国银行市场的升温将会蔓延到欧洲的银行业。

已经将业务扩张至出现泡沫的美国信贷市场的欧洲银行可能已经发现了他们的股票价格要高于那些没有参与其中的银行股票价格，尤其是从资产负债表外工具的视角来看，杠杆式投机被隐形地掩盖了。那些“野心勃勃的”欧洲银行可能会借机接手那些仍然较为保守的欧洲银行。与此类似，通过加大在隔夜美元回购市场（将收入以贷款的形式发放给新兴市场经济体或购买美国信贷票据）或是在瑞士法郎银行同业市场中贷款给东欧国家（或是进入西班牙抵押贷款市场）的运作，使那些力图赶超其美国同行高收益的欧洲银行可能得到了相应的收益。

不过市场中仍存在储蓄盈余地区的银行通过新的隔夜银行同业欧元市场不够谨慎地向（欧元区）储蓄不足地区的银行发放贷款的情况，这种运作没有考虑到出现的银行同业风险敞口。但是总的来看，尽管从 2003 年到 2007 年上半年，欧洲银行股票的总体表现都不太令人满意，但是欧洲信贷市场的热度已经开始下降，因为欧洲采取了明确且更严格的货币政策，风险逐渐减少。

雷曼破产后的金融市场失灵（这本来会使欧元区陷入深度经济衰退）还会引发 2008 年的金融恐慌吗？

恐慌是无法事先预测的。恐慌是一种伴随着信贷和资本市场由热转冷而产生的风险。如果热度最高的市场升温幅度不高，那么风险也不会太大（如果欧洲央行没有在 21 世纪的第一个十年始终坚持模仿美联储的政策，那么现在的风险就不会很高）。

随着欧洲内部的平静以及对世界其余地区冲击影响的出现，欧洲银行的恐慌（深受质疑）程度大幅降低。欧洲的资产市场不太容易受到恐慌的影响（如果恐慌始自一个不太过热的市场）。除了这些谨慎的反事实声明外，这个罗盘就变得完全不可靠了。

为何欧洲央行和欧洲货币联盟能够继续逃避控诉?

21 世纪的头十年即将过去，2008 全球恐慌的代价仍在不断攀升，而欧洲央行的官员们和欧洲货币联盟则成功避开了所有主流政治辩论的指责。的确，许多以美国为中心的经济学家，包括那些能够暗中左右决策的人，对全球信贷泡沫及其破裂之后的欧洲货币失调的程度仍无明确认识。

例如，泰勒教授在批评美联储在信贷泡沫产生和破裂中的作用时，没有将发生在欧洲的事件与其他国际问题联系在一起（参见泰勒，2009）。旧金山联邦储蓄银行行长珍妮特·耶伦在 2009 年 3 月的一次演讲中勇敢且委婉地批评了美联储，指出美联储的超宽松货币政策助长了信贷泡沫的形成，耶伦仅凭一篇错误的观察报告便肯定了自己的评价：

> 美联储在 2002—2004 年维持高度宽松的货币政策，这或许在一定程度上助长了美国信贷市场的繁荣及相关房产价格泡沫的产生。但很显然这不是唯一的原因，因为许多没有实施高度宽松货币政策的国家也出现了类似的泡沫现象。

难道耶伦教授没有意识到那几年中同时发生的欧洲货币政策失调现象的性质吗？那她是否也没有意识到日本的货币失衡政策（那时，日本央行将利率控制在均衡水平之下，并导致日元套利交易中泡沫的产生——参见本书第 18 页）？

在后面的章节我们将讨论可能的拯救方案，这些方案可能促使欧洲制定更好的货币政策，但是在重新开展货币政策的政治辩论之前，这仍然只是原则上的拯救方案。建设性政治辩论的重点是历史分析而不是虚构的分析。这种观念适用于 20 世纪 20 年代的严重信贷泡沫及随后的经济大萧条，同样也适用于刚刚过去的这段时间，尤其是 2003—2007 年严重信贷泡沫期间实施的货币政策。不同之处在于最新的严重泡沫神话尚未完全成型，对于一位特别关注欧洲局势的经济分析师而言，他要面对的一个挑战是阻止欧洲货币联盟带来的负面影响，同时避免欧洲央行被新的主流研究所遗漏。

5

采用什么拯救方案?

假定陪审团在审判的最后阶段作出的裁决是，如果没有欧洲货币联盟，情况可能会更好一些。那么即使是这样严厉的判决，再列举欧洲货币联盟前十年的种种错误，也不可能使法官自动选择最激进的拯救方案——解散欧洲货币联盟。

拯救方案是否能改善现状，在很大程度上取决于接下来要实行的货币体制和解散欧洲货币联盟的代价。终止欧洲货币联盟将不可避免地使许多人失败，也使许多人成功。失败还是成功（不同团体之间）以及净收益的多少（是正还是负）在现有成员国之间的情况可是大不相同。

几乎可以肯定，欧洲货币联盟不会因为在欧元区整体上有任何这样的假设猜想而崩溃。欧洲货币联盟的衰败或者崩溃具有很残忍的破坏性，而且可能殃及一个或更多国家。这些国家还要采取单边行动以满足那些政治上处于上升趋势的利益团体可以从欧洲货币联盟解体中得到好处。

（解散欧洲货币联盟这一激进方案的）备选拯救方案包括为减少过失而设计的若干套改革提议。这些提议将减轻由于欧洲货币联盟的继续存续而带来的经济和政治上的潜在损失。本书不对推动各种拯救方案实施的各种政治力量作出猜测，本书更具体的目标是解释这些拯救措施可能包括的内容。

最大胆的拯救方案——签署第二个《马斯特里赫特条约》！

最大胆的拯救方案（不包括废除货币体系的激进选项）是签署第二个《马斯特里赫特条约》。新条约应重新全面起草第一个条约中有关货币联盟的条款，同时还应有一个关于欧洲政治联盟双轨制进程的新章节。第一轨应该包括货币联盟的大多数国家（尤其是法国和德国）。为了提升货币联盟的效率，这些国家将加入一个专为政治联盟设计的新计划。从广义上说，第二轨的国家可能留在当前政治一体化的范围之内，同时作出一些象征性的预期变化。

这样的政治联盟对结束欧洲央行“象牙塔”般的特权地位是必要的（正如亚当·斯密书中的“经典”概念所界定的那样“大部分在杂乱无章自由政治秩序之外——参见本书第 190 页）。这种状态已成为货币政策常见无能的许可证了。不过至关重要的是，货币政策的实施将继续受到宪法原则的约束，而任何政治立法机构不会轻易对这些原则作出修改（如通过简单多数原则）。

无论梦想家作出多大努力，政治联盟的缔造也难以飞速完成。更为普遍的是，任何解决欧洲货币联盟缺陷的严肃拯救方案，包括没有政治联盟的整套改革方案，都会遇到许多严重阻碍——尤其是柏林反对任何损害欧洲央行独立性的行为。

但是，历史经验告诉我们当经济和政治压力增大时，机构就会发生变化。公共舆论对被告的控诉是这个变化过程中不可或缺的一部分。

欧洲货币联盟收到的指控包括货币政策制定和货币政策框架设计中的失误等问题。这些问题是全球范围内非常普遍的问题，尤其是在美国。在撰写这本书时，对于美国货币失误的认识要比欧洲政治争论更清楚，但在欧洲和美国都没有出现任何明确的拯救希望。

伊甸园外的货币动荡

无论在美国或欧洲，都可以很快找到货币失灵的最新例证。约翰·穆勒两个世纪前就已发现这个难题——如何防止货币机器出现周期性失控并且殃及经济生活中其他机器的运行（参见弗里德曼，2006）。

一个世纪或更长时间以来，人们一致公认国际金本位制度（虽然远非完美）是限制可能的货币失衡及其经济损害的最好方法。随着“一战”的爆发，国际金本位制崩溃了，并且在20世纪20年代全部恢复这种体系的努力也以失败告终。

这次失败是导致货币灾难、经济危机和地缘政治大动荡的一个根源。我们将这些灾难、危机和动荡现在称作经济大萧条。一些作家坚持“若未爆发‘一战’就不会出现大萧条”的看法（参见金德尔伯格，1973）。特别是对任何恢复国际金本位制的重建缺乏信心，美联储滥用其新取得的世界霸权制造严重的货币失衡（万一出现“良性通货紧缩”，在科技取得显著进步的时期有效稳定价格水平——而且如果国际金本位制仍然正常运行的话，也本应该这么做）以及魏玛共和国货币动荡的惊人后果都是由“一战”及由于其改变了1914年以前的世界格局所造成的。

“二战”之后，以美元和黄金为基础创建了一种新秩序（布雷顿森林体系），并且以协约的形式写进国际法。这种秩序不同于那种限制货币动荡，同时又将价格增长水平的长期预期固定在零附近（通货膨胀）的精密的金本位制。布雷顿森林体系在其存在的大部分时间内有各种汇兑限制制度，资金无法在全球范围内自由流动。该体系的理论基础是不相信国际经济中各种自动平衡过程。美国承诺可以通过限定形式进行黄金和美元的兑换（美国法律禁止私人持有黄金），事实上这种承诺并非是美国长期价格水平稳定的基础（这不同于国际金本位制）。

20世纪60年代后期在美国缺少可降低通货膨胀压力的坚决行动后，布雷顿森林体系就崩溃了。在这个秩序中人们默契地认为把各种货币与美元固定在一起，而美国也将追求长期价格水平稳定并且避免剧烈货币动荡（这种理解部分原因是因为美国承诺一直开启“黄金兑换窗口”）。在此期间通胀压力的出现首先是由肯尼迪和约翰逊政府内的信奉新凯恩斯主义的经济学家引发的。他们承诺消除经济周期性衰退（在艾森豪威尔执政时期已出现过两次可怕的经济衰退）并且通过“充分挖掘美国生产潜力”永久减少失业现象。菲利浦曲线（幻想在低失业率和通货膨胀之间作出取舍）当时正流行。后来为赢得连任（1972 年），尼克松政府决定消除所有货币限制。

1973—1986 年短暂“货币主义复兴”的教训

1971 年 5 月，德国允许马克浮动，这对布雷顿森林体系是致命一击。德国央行 1973 年到 1974 年全程参与了新货币框架的建设。新框架的基础是严格控制基础货币，同时放弃失业率和通货膨胀率平衡的凯恩斯思想。这种基础货币和平行浮动的短期货币利率（在一定范围内）的重要作用是部分再现了 1914 年之前于金本位制下在全球范围运行的那些自动货币控制机制（黄金新增加的产量是决定基础货币增长的一大因素）。该体系与 1914 年之前的体系的重要区别是由国家确定基础货币，并且主要货币之间的兑换率现在实现完全自由浮动（而不是在黄金输出和输入点确定的严格边际范围内浮动）。

德国央行的货币改革以及 5 年后沃克尔领导的美联储和撒切尔夫人领导的英国央行的类似改革都没有存续下来（事实上，日本央行在 20 世纪 70 年代中期和 80 年代中期之间也提出过一个货币定标方案）。一旦打死通胀这条恶龙，世界各国央行就会放弃对基础货币（或货币供应量）的控制，并且支持那些自负的委员会严格操纵短期利率，从而使利率符合持续低通货膨胀率和“经济稳定”的目标。既然通货膨胀的危险已经消退了，为什么还要继续使短期利率大幅波动呢？经济微调再次成为流行的货币政策，尽管不是过时的菲利普曲线所示的那种粗糙的取舍关系。

一切似乎进展顺利。

然后就是“大温和的时代”（the Age of Great Moderation）的来临。20 世纪 80 年代末日本的严重信贷和资产泡沫在某种程度上掩盖了在美国和欧洲出现的情况（例如，美国存贷款相关业务的繁荣和萧条，或者英国和北欧国家的信贷和资产泡沫），而日本的信贷和资产泡沫却表明，货币稳定情况并非那么如意。

20世纪80年代末到90年代这段时期，欧洲大陆主要依赖德国马克实现金融秩序的稳定。多年来，一群小国（荷兰、比利时、卢森堡和奥地利）早已决定变成德国马克的卫星国。密特朗总统在任时期，法国决定推动欧洲货币联盟的形成，这就要求法国在通往这个目标的漫长火车之旅中接受德国央行的主导地位。

在这个基于德国马克的秩序中，所有成员都相信德国央行能够实现货币稳定。实际上，除了历史上曾经的成功之外，德国央行已不再具有那种神奇魔力。德国的金融秩序越来越少地建立在与大量存款准备金要求相关的严格货币供应定标的基础上了。同时，德国央行的领导层面临着越来越多的压力，这些压力同赫尔穆特·科尔总理的政府倡导的德国货币联盟和随后的欧洲货币联盟这些更大的目标有关。

德国经济繁荣也伴随着严重货币动荡，这与1990年东西德统一相关，而这并不是德国央行的直接过错。东德马克和西德马克按照1:1的比例突然合并怎么会不产生货币动荡呢？这种货币动荡波及整个德国马克区，同时也掀起了在欧洲建立一个不完全以德国为中心的货币秩序的风潮。这种风潮既有来自商业界的支持，也有民意支持。

这种情况非常反常。毕竟，德国马克区内的其他国家都能通过暂时中断其货币与德国马克的连接，避免受到货币风暴的冲击。无论如何，货币动荡都将得到及时控制。

不管是什么原因（这些原因可以在一系列书籍中发现，包括2009年马什的作品），包括刚刚提到的反常情况，驶向欧洲货币联盟的列车在20世纪90年代加速了。现在没有任何现成的新欧洲货币秩序蓝图可以取代以德国央行为首的货币秩序。创建欧洲货币联盟的谈判者采用快捷方式订立了一个条约——却将这个问题留给那些成功降低通货膨胀并且现在仍然广为人们尊敬的央行官员们！

外交官可能赞成这一目标——继续维持20世纪90年代后期已经在整个欧洲实现的极低通货膨胀水平。人们普遍愿意遵循“德国央行的模式”，特别是同意在政治进程之外给予央行特殊地位。鉴于无论如何都没有欧洲级别的政治民主，所以要做到这些并没有那么困难。法国总统密特朗告诉对此有顾虑的选民，欧盟理事会的部长们拥有对欧洲央行的最终控制权（参见布朗，2004）。

实际上，在这一阶段没有运行良好的德国央行模式，更不用说能指导创建新欧洲货币联盟的模式了。在德国，金本位制（基础货币定标、在收益期区间决定利率，有关当局不严格固定利率标准）下阻止货币动荡的任何准机制已遭到严重破坏，这种情况同样出现在美国或者日本。在任何地方，这种新秩序都是一种高度自由裁决的货币管理，执行固定利率的央行官员们在操作货币政策时没有任何可以依靠的指南。

任何严肃的欧洲货币联盟改革建议，都应致力于如何设计一个更好的货币政策框架。这个框架应比金本位制崩溃以来的一个世纪内任何地方实施的政策框架都更好。我们应从1973年到1986年间德国和美国的短暂的重新采用基础货币定标的政策中（见上文）得到教训。欧洲没有理由等待美国为其开辟出前进的道路（如果曾是这样）。毕竟，欧洲货币联盟一直声称要使欧洲免受美国货币的不良影响，因此为何不率先设计优越货币的新标准，而要等美联储放弃伯南克的“通货膨胀定标十原则”（参见布朗，2008）。鉴于伯南克教授于2010年1月再次连任美联储主席，因此美联储放弃这个十原则还要等待很久！

拯救欧洲货币联盟的现有方案

然而，在开始讨论在欧洲这个特殊背景之内更广泛的货币改革议程之前，我们还是先回过头思考一下废除欧元这一激进方案吧。我们想象一下废除欧元之后会出现什么情况。在人类活动的各个领域，积极的意义来自对消极的思考，货币系统也不例外。即使欧洲货币联盟的工作人员，包括欧洲央行的官员声称欧洲货币联盟没有消极问题也是如此。无论是部分（一个或更多国家离开欧盟）还是整体（联盟不再存在）上，欧元都永远不会遭到破坏。

例如，在一次电视采访中，欧洲央行理事会成员比尼·斯马吉（2009 年 3 月 5 日）评论说，谈论欧元区的解散简直就是“无稽之谈”，欧元区国家违约拖欠债务也不过是个“轰动的假说而已”。

在学术文献中，很少有人愿意思考退出欧洲货币联盟或者联盟解体的可能性。不过，巴利·埃森格林为美国国家经济研究局撰写了一篇论文，该论文发表于 2007 年 7 月和 8 月严重信贷危机前夕，论文得出了这样的共识（参见埃森格林，2009）：

> 在未来的十年里，欧元区单个成员或多个成员退出欧洲货币联盟是不可能的，欧元区彻底瓦解就更不可能了。不过，也不应该完全不考虑重新恢复某种国家货币的技术细节。

2009 年春季，他再次更为惊人地重申了同样的观点（参见埃森格林，2009）：“某个国家考虑退出欧洲货币联盟将会引发各种金融危机。”他还说：“为了自己的生存，哪个明智的政府甘愿冒此危险？”

受邀评论埃森格林这篇论文的马丁·费尔德斯坦没有被其说服，他关注的是为何某个国家会决定退出欧洲货币联盟：

> 当然，国家不会作出这样的决定。这个决定应该由政治领导人作出。对欧洲货币联盟的政治支持至多是徽弱的。因此，政治领袖或政党可以利用这种情况强化他们的政治权力。如果其他成员国不同意他们提出的政治变革，他们会向公民承诺退出欧洲货币联盟或者说他们会威胁退出欧洲货币联盟。

事实上，在所有关于（退出或解体的）可能性的辩论中，欧洲货币联盟退出的技术细节还远没有明确下来。是的，退出或是解体需要固定的技术成本，但是必须将这些成本和留在欧洲货币联盟之内的长期经济和政治劣势作出比较。技术成本总是高到需将退出或解体排除在外，这种情况尚不明显。

毕竟，欧洲货币联盟诞生的同时付出了巨大的技术成本，更别提许多国家在入盟时付出的巨大经济代价。掌握政治权利的人认为所需的这些技术成本（包括新钞票的印刷和流通、旧钞票的召回、重新校准支付技术等）是值得的。

为什么在某个阶段与之相反的货币分离或解体技术成本就不合理呢？技术成本即使非常高也不是许多国家几百年货币历史中货币演化的绝对障碍（不管是向前演化，还是向后倒退）。技术成本并没有阻止战争间破败的黄金本位体系的崩溃。

世界大战瓦解了国际金本位体系，这种货币体系是一直受到欢迎的一种系统（不像欧洲货币联盟，许多民意调查措施显示，总的来说联盟一直不受欢迎，甚至在传统的拥欧派国家也是如此）。然而，严峻的经济或政治考验到来时，就暂停或废除了金本位体系。这的确需要相当大的附带技术成本，包括依法整理私人合同中的黄金条款，在将钞票按照 1:1 的比例兑换成银行存款时会出现几天、几周甚至几个月的暂停。

在本书作者之前关于欧元的著作（参见布朗，2004）中介绍了两种退出或解散欧洲货币联盟的两种技术类型——第一种是缓慢的，第二种则是快速的或“被迫的”。

前者就像欧洲货币联盟创立的逆过程操作——通过三个阶段逐渐引入新的主权货币。第一步，新货币可以首先按照 1:1 的比例与欧元兑换；第二步，设定一个具有一定浮动范围的固定兑换率；最后一步，确定一种或多种新主权货币（取决于多少国家要退出欧洲货币联盟）代替欧元的时间（欧元可能会以截留的形式继续存在）。

缓慢渐进的退出能否成功取决于对即将创立的新货币的总体表现较之欧元的表现的预期是否很强烈（无论是上涨还是下降）。

在实际中，考虑到某个政府会逐渐退出（联盟现成员认为逐渐会变成迅速退出），因此被迫退出欧洲货币联盟的可能性会更高（尽管还是很小）。

“被迫退出”机制在某些方面类似于退出金本位制。在这种机制中，特定成员国政府暂停按照 1:1 的比例将本国银行内以欧元计价的本地存款（在某些假设模型中也可以是非本地存款）兑换为刚刚退出的联盟的基础货币（在这种情况下，是指可在欧洲货币联盟的银行同业清算系统清出的资金）。

所有居民的欧元存款都重新标记为国家欧元，让我们假设为西班牙欧元（在退出的最终阶段重新标记为比塞塔）。同时西班牙银行向本国借款人发放的全部未偿还贷款会在这个时刻重新标记为西班牙欧元（意思是借款人可以按照 1:1 的比例以西班牙欧元存款的支付方式偿还这些贷款）。西班牙借款人和贷款人（银行或者非银行机构）之间的所有借贷将最终重新以西班牙比塞塔计价。

西班牙银行将停止按照 1:1 的比例通过欧洲清算系统将西班牙欧元存款转到欧元区其他银行。

最合理的是西班牙政府债务将会（被迫）转为西班牙比塞塔。所有工资和非工资合同（如租金、公共事业费）将按照 1:1 的比例重新以西班牙比塞塔计价。

如何处理西班牙人和非西班牙人之间的（贷款、工资和租金）合同将是一个需要确定的重要细节。1933 年美国退出金本位制时，非本国居民与本国居民受到平等对待。另一个重要的细节是，如何向转换过程中遭受大量资金损失的银行作出公共赔偿（如果指定银行要转换成西班牙欧元的贷款多于存款，那么就须对这家银行作出公共赔偿）。

不会将西班牙欧元按照 1:1 的比例兑换成欧元纸币。假设将以折扣的方式把西班牙欧元银行存款兑换成国际欧元存款（这意味着西班牙欧元和国际欧元的兑换率远高于 1.00），那么将会以类似的溢价出售欧元纸币。相应的，要提取欧元存款钞票的客户将以低于 1:1 的比例提取存款。

原则上，与欧元存款相比，零售商会对欧元钞票支付给予相应的折扣（ATM 机也要随之重新校准，以欧元现金的形式扣除一定额度，这个额度少于从基本账户中借记的西班牙欧元额度）。将巨额欧洲钞票存入西班牙欧元存款的顾客会期望获得溢价（和兑换率相关）。

新西班牙钞票（或许是重新出现的比塞塔）会及时（或许只需6个月）印刷出来。随着西班牙居民对欧元钞票需求的减少（因为许多国家已将欧元钞票转换成本国货币），西班牙政府（或中央银行）为了销毁欧元钞票会同时购买该国在欧洲央行的欧元存款中的欧元钞票——部分协议提款不会使其余欧元区国家的情况恶化，因为西班牙愿意承担这部分钞票流通的责任，而不言自明，这本来就是西班牙的义务。

中止按照1:1的比例将存款兑换成钞票的机制

"务实的政策制定者"夸大货币激进主义的技术成本。经济政策制定者拒绝接受任何建议（自1990年以来日本首先出现经济泡沫破裂的20年内，一直存在各种这样的建议）的一个重要原因，就是要通过消除阻碍无风险名义利率下降到负值区间的障碍，在严重经济衰退时期实施预防货币失衡的政策。

我们在下文（参见本书第83页）会看到，要消除在严重经济萧条时期阻止市场利率下降到负值区间的障碍，需要在未来某个时刻强制兑换货币，同时立即中止将货币按照1:1的比例兑换成银行存款。与量化宽松政策（我们将发现这种量化宽松刺激政策非常可能比消除零利率障碍的刺激效果更差）相比较，中止转换的技术成本要低得多。欧洲央行（同其他主要央行一样）没有对这种中止兑换的各种技术成本作出清醒、理性的比较，至少在任何公共记录中没有发现这种比较。这在本书的前面已提到。

不过，下面的讨论与退出欧洲货币联盟之间有一个联系，因为两者都需要研究中止以1:1钞票和存款兑换的成本（历史上，在美联储于1913年成立之前的数十年内，银行在金融恐慌期间暂停将存款兑现，即存款与货币之间的兑换率将出现暂时浮动，这是很普遍的现象——参见弗里德曼和施瓦茨，1963）。

在欧洲货币联盟的历史上，很早就有过不同类型钞票进行转换（用欧元钞票替换各国原来的钞票）的大量练习，人们会认为法兰克福的欧元官员们在可能的极端经济和金融环境下对相关类型的转换持开放态度。然而更加遗憾的是，欧洲货币联盟的官员们同美国或日本央行的官员有着相同而且很深的偏见，他们反对将与金融体系动荡同时出现的严重经济衰退期间采取的现钞兑换措施作为一种权宜之计。

在证明这权宜之计的运作方式之前，我们首先更详细地了解一下钞票转换在成员国退出欧洲货币联盟中的作用，同时继续阐述上文中西班牙所发生的那种情况。

欧洲央行应起草退出欧洲货币联盟的应急计划

假设市场突然使西班牙政府最终部分债务违约的可能性变得很高，那么部分违约可能仍使西班牙留在欧洲货币联盟之内，但必须将债务展期和／或降低现有债务的息票水平，或者西班牙退出欧洲货币联盟，将政府债务由欧元计价转成以重新出现的比塞塔计价。

导致调高西班牙违约风险评估的因素是令人吃惊的西班牙公共财政状况。这种评估的基础或许是基于对西班牙的经济前景预期的下调以及对西班牙银行需要政府支持力度的上调（从而避免金融系统崩溃）。其他疲软的欧元区政府债券市场的同步大幅下滑可能通过传染效应（在煽动人们相信西班牙违约风险）产生一定影响。此外，西班牙将从较强的欧元区政府（尤其是法国、德国和荷兰）得到一笔巨额救助贷款的期望将会破灭。

考虑到西班牙银行系统是西班牙政府债券的重要持有者，西班牙政府债券的急剧下滑反过来将使人们担心银行系统会出现偿付危机。此外有人会质疑政府还能够向银行进一步提供多少援助（因为更多援助会增加政府债务违约的风险）。这些质疑足可导致西班牙银行资金外流。资金外流势头的增强使人们更加担心西班牙政府最终会退出欧洲货币联盟从而只依靠一个国家货币印刷机渡过难关。

除了从其他欧洲政府获得大量援助（不附加那些苛刻的改变政策的要求），确实没有其他的解决办法了。否则，西班牙政府不太可能会获得新资金，银行也濒临倒闭，西班牙的未来就会失去希望（西班牙将不会继续保持自由经济秩序以及从当前严峻危机和增长困难中摆脱出来，恢复经济繁荣）。

在这种情况下，西班牙政府很可能采取前面介绍的步骤准备立即退出欧洲货币联盟，随之而来的是“西班牙欧元”兑换国际欧元会大幅贬值。或许西班牙政府能获得多个外国政府的借款（其他的欧洲货币联盟成员国是主要来源）以便平息可能导致新货币崩溃的恐慌。原则上，这种贷款与在退出欧洲货币联盟之前用来支持布鲁宁式通货紧缩政策的贷款相比，更有望使西班牙重新走上繁荣之路，而布鲁宁式通货紧缩政策注定不会获得成功。

鉴于所有理性的市场参与者都知道，在一种情况下成员国会退出欧洲货币联盟，那么（从降低国家崩溃的危险来说）货币联盟（欧盟委员会或欧洲央行）的权威机构公布一个关于如何促进有序退出的应急计划（但愿永远不被采用），难道不是更令人安心吗？特别是，任何提及在联盟其余成员国向退出成员国提供贷款以帮助其恢复该国的货币（我们举的例子是比塞塔）应急计划机制都会非常有益。

现在可以认为，与官方观点认为退出是不可能的，或退出的后果很可怕，甚至是不可行的那种情况相比，这样的计划若得到广泛的发布将很可能会增加市场参与者信赖欧洲货币联盟的程度。但是更有可能的是，当公众认为可能的退出确实意义重大时，对其作出提前规划和保持透明有助于缓解市场（包括非金融商业公司决策者）对未来可能出现的经济和政治混乱的担忧。这种担忧也包括为努力维持货币联盟现有形式需忍受的经济衰退的严重程度。

应急计划也是应对严重经济衰退的计划

一般认为，（不管是布鲁塞尔，还是法兰克福）有关当局更加透明的应急计划将会提高货币联盟的效率。这种观点不仅涉及可能退出欧洲货币联盟的问题，还涉及在金融体系危机和严重经济衰退时出现缓解严重的货币失衡的问题。通常存在的阻止无风险利率下降到零以下的限制，尽管多数时候不是问题，此刻却突然成为一个严重的问题。理想的话，严重货币失衡的综合应急计划应该不仅限于消除限制这个重大问题。在制订应急计划时，我们可以从2007—2008年期间的危机中吸取很多教训。

也许2007年8月的金融震荡并没有让人感到完全意外（我们已经看到特里谢行长后来声称他已提前发现了这些风险，参见本书第67页）。然而，没有任何证据表明央行有任何应急计划——可以随时付诸行动的紧急方案。

相反，有关当局作出了惊恐的反应——向所有提出申请的银行（只有他们能提供符合危机前合格贷款定义的任何不良抵押资产担保）按照固定价格提供无限制流动性。而这种反应现在完全过时了。

在严重经济衰退和金融恐慌的应急计划中应有什么要素呢，会不会在必要时取消零利率限制呢？当然了，该计划还应包括对最后贷款人和市场中更广泛的恢复力量的更详尽的描述，从而形成解决方案。

我们已经概述了在2007年8月应急计划的这些要素应如何发挥作用（参见本书第90页）。无风险利率本该立即下调至零。情况稍好一些的银行可以在提高了的预期利润边际（是各自投保的，或由新发行的股权缓冲的存款利息和更高的风险贷款利率之间的利差）的基础上，利用股权市场。这个应急计划的一个重要组成部分是央行暂停盯住隔夜货币市场的利率。

所谓的“未偿还”债务问题是银行体系内可能影响应急计划成功实施的一个障碍。在为确保其存款安全而发行债券时，银行为债券持有人创造了暴利，否则债券持有人的债务将滑落到远低于票面价值以下，也就是现有股东支付的标准。

在非金融部门，尽管有未偿还债务问题，仍然可以实施资本机构调整，因为这样便可以轻松规避这个问题（股权持有人在协商中更强势，他们会公开利用破产的可能性）。对于有未偿付贷款的公司（或家庭），银行贷款人可能会同意大幅降低贷款本金，并且将剩下的贷款转换为股权（这种情况发生在贷款变更并且当前是贷款偿还义务降低时。但是如果借款人的经济状况有所改善，他们有时会追偿还款）。至于未偿还的债券，股东可向债券持有人提议直接转换债券，或有时在发行新股权之前折价购买债券。相比之下，在金融领域，如果一家银行向债券持有人暗示有任何此类建议，就会激起一股存款挤兑潮。

在实践中，银行只有两种方式可以避免受困于未偿债务问题，从而避免在这种紧张的情况下（银行的权益缓冲垫已经变得很薄）一步步陷入危机。首先，他们也许认为向债券持有人支付的暴利不应以牺牲现有股东的巨大收益为代价。现有股东从阻止营业利润出现损失中获得对冲收益，否则已知的股东存款安全性的下滑会导致营业利润出现损失（上面这种情况中，可以拉大无风险利率和风险贷款利率的利差，从而使边际扩大成为可能，扩大后的边际有助于这种情况的出现）。其次，通常他们可能避免发行任何银行债券（不包括存款），从而一直以股权发行的形式募集资本基金。

此外，在应急计划中应介绍如何导入一个负利率体系。在低利率或无通货膨胀（或通货紧缩）的情况下，在整体经济严重衰退失衡时期，特别是金融危机或金融恐慌的余波中，市场出清无风险利率的最佳路径很可能要在一段时间内深陷负值区间。

市场出清无风险利率是从与整体经济平衡相匹配的中间或自然利率中得出的一个独特概念。固有机制（许多机制包括未来预期的形成）能够生成恢复平衡的理想路径（从时间和梯度上看）。因此，当经济失衡时，健康且具有市场出清功能的资本主义经济可能会产生一种远低于中间水平的利率。如果仍然固执地存在零利率限制，那么在设计这条路径时利率就仅可能发挥有限的作用。跨期工资和价格变化相应的变得更加重要——特别是强周期性商品与服务的价格会下降到远低于下一轮商业上涨预期的水平。但是如果工资和价格刚性很强，那么理想途径的设计成本要比负利率下的设计成本高得多。

传统货币体系下对利率降到零以下的限制（见下文）在宏观经济方面会带来不幸的后果。私有市场的恢复力量减弱了，银行体系问题也更严重了。

无风险利率可能深陷负值区间可提振当前的消费，这不仅可以通过放弃负利率时期的未来消费而使降低目前消费价格水平得以实现，也可以通过股票价格水平的提高实现。股票市场在经济衰退之后以及刺激经济恢复上起着稳定经济的关键作用。

大胆的投机者愿意继续持有或者购买那些敢于忽视当前经济衰退的困境并看好光明经济前景的公司的打折了的股票。这些投机者使商业资本支出计划成为可能，虽然现在的情况很悲观，可是多年后这些计划会得到资本市场的认可（实际上，这意味着宣布利用已发现的机遇实施新的长期计划的公司会发现其股票价格将大幅上涨）。他们是最终的稳定投机商——应该比米尔顿·弗里德曼在商品市场中描述的稳定投机商更重要（参见弗里德曼，1966）。

下面的例子解释了负利率在稳定性受到冲击下的金融系统方面的作用。

假设在后恐慌经济衰退时期，零利率限制已经大幅下调至零之下(比如每年 −10%)。在这种背景之下，市场出清短期无风险利率(名义利率）在每年 −5% 左右，同时许多种高风险贷款的市场出清利率为 0—10%（市场出清无风险利率是由来自对长期经济前景的预期以及恢复总体均衡的路径的性质的力量所决定的，而这些力量受到公布的基础货币供给目标增长率的影响）。已知无风险和高风险贷款利率之间的利差将高于正常水平，首先是因为风险普遍提高，其次是由于对承担风险的厌恶水平出现增长（符合正常银行审慎原则的理想最高贷款额占权益的比率会下降到异常低的水平，这表明参与任何破产法律程序的各方的成本都很高）。银行会根据新机遇继续扩大放款规模，并且他们仍能募集权益资本（受前面提到的未偿债务的潜在障碍影响，参见本书第 46 页）。

现在将上面这种情形与现实中阻止无风险利率下滑到零之下的零利率限制（包括实际按照零利率支付现钞和按照零利率支付存款

准备金）的情况做个比较。高风险贷款的市场利率水平可能仍不会比每年5—10%高出多少，这意味着风险溢价水平被限制在均衡时期的普遍水平之下（相反，如果风险贷款利率飙升到10—15%，考虑到萧条的经济环境，这种贷款的需求会非常少，这就意味着风险贷款市场出现了供大于求的局面）。这又降低了银行募集股本支持任何新贷款的能力。非银行机构（比在均衡条件下）更缺乏在其投资组合中列入风险贷款的动机（意味着他们在投资组合中为风险贷款留出的比例比均衡情况下更低）。

总之，如果能够消除潜在经济衰退环境中因市场出清导致的负利率限制，那么结果会好得多。

如何取消负利率限制

关于负利率可能性的学术研究始于格赛尔（1958），然后是欧文·费舍尔（参见戴蒙德和吉纳考普劳斯，2005），接着是20世纪90年代受日本通货紧缩和泡沫经济崩溃的影响发表的一系列论文[例如，布朗（2002、2008和2009）、比特（2003）、曼昆（2009）]。这些研究虽然有大约一百年的历史，可是遗憾的是2008年金融恐慌出现时，却没有一家央行有任何随时可用的引入负利率体系的方案。相反这些银行还通过暗示表明，他们的工作设想是任何这样一套方案都太复杂，并不实用，应该实施更好的替代措施。

在日内瓦国际货币和金融研究中心发表的一篇关于“非传统货币政策”的主题报告中，欧洲央行执行委员会成员比尼·斯马吉（2009年4月28日）根本没提到负利率体系！

然而，在这个时代，欧洲央行本来能够开拓进取、发挥主导作用，尤其是该行在2002年初（旧的主权钞票被欧元钞票代替）成功实现了货币兑换。

毕竟，取消无风险利率降到负利率期间的零利率限制的最实际方式是宣布未来会实施现钞兑换（按照惩罚利率将旧货币换为新货币，如110旧欧元相当于100新欧元），并且立即征收固定交换费——

相当于对央行持有的银行存款准备金设定了一个负利率（关于如何设置固定费率的细节，参见本书第 85 页）。

这种兑换（以匿名方式进行）成为向囤积现钞征税的工具，否则无法防止名义利率降到负利率区间。比如在银行存款利率下降到每年 −5%，并且在没有现钞税的情况下，银行客户就会简单地从银行提出现金钞票，然后储藏起来。银行存款的流失只会使经济和金融危机更加严重。

曼昆（2009）提出了现钞兑换的一个替代方案，即在指定日期按照某个随机百分比简单地取消部分现有未使用现钞的流通。有关当局会宣布在将来规定的日期哪些钞票不再有任何价值（通过钞票序号确定）。这个建议的问题是需要零售业审查他们收到的每张钞票，以确信没有收到废弃的钞票。而且在随机宣布废弃的钞票（失败者）前，现钞持有人承担着巨大的风险（除非他们囤积了大量的货币，并且可以指望其遭受的损失与将要作废的现钞供应总量之比非常接近）。

根据现钞强制兑换方案，一旦宣布方案实施，现钞和银行存款之间 1∶1 的正常兑换率将会暂停执行。并且有关当局会在数据宣布和兑换日期的这段时间内公布一种两者之间逐渐下滑的兑换率路径。刚开始时 100 欧元存款等同于 100 欧元现钞。如果兑换日期是在两年后，并且兑换折扣率为 20%，那么一年后，110 欧元（旧钞票）将相当于 100 欧元的存款。央行将按照等同于钞票贬值率（此例中贬值率为每年 −10%）的水平设定准备金支付率。通过这种方式，将使基础货币的两个组成部分——货币和存款准备金的收益率相等——得以保持。现在是按照负利率水平而非零利率水平实现两者收益率相等。

原则上，在两年期内，政府和央行可以推迟兑换日期，比如将其延期一年。如果经济状况一直很严峻，他们可能会这样做，例如，第一年年末宣布兑换日期将定在第三年年末，于是强制兑换率的累积折扣率达到 25%，也就是 75 新欧元钞票相当于 100 旧欧元钞票。

实际上，银行存款提款人期望从银行提取相对于他们在银行存款面值总额越来越多的钞票。而要得到等同于面值的存款，他们不得不存入越来越多的资金。在零售经济中，相对于存款价格，现金付款人需缴纳溢价费用，并且随着兑现日的接近溢价会逐渐提高。现钞价值下降率会限制利率下降到负值区间的程度。例如，如果两年后的兑换损失是 20%，那么在这段时期内利率不会大幅下滑到每年 −10% 之下，但是利率会在这个下限之上自由浮动（例如每年 −5%）。

原则上，正常时期，央行可以通过在银行体系内设定一条存款准备金的增长路径来掌控货币政策（参见本书第 88 页的描述）。货币利率由市场决定，存款准备金的隔夜利率由高能货币的供给和需求确定。然而，存款准备金和货币的实际利率在正常零利率和固定负利率之间变化，这种变化在紧急时期以及恢复常态的早期阶段会使高能货币需求路径变得相当不稳定。因此与给定的持续基础货币增长相一致的短期利率波动可能会出现异常波动（这证明了实施某些平抑操作的合理性）。在严重萧条的情况下，市场利率很可能降到负值区间（区间的边界可由上文所述的兑换率确定）。

禁止使用“量化宽松”定时炸弹！

一些央行和财政部的实际决策者在面对建议推动看上去似乎“不可行”的负利率政策时，表现出犹豫不决。但他们在某些时候对一个或多个极不完善的（在市场出清利率极有可能大幅降到负利率区间时推动货币政策的）替代方案却抱有极大的热情。教科书中提到的一种可能的替代方案是由直升机大量散发现钞（或者更通俗一点，就是给每个家庭退税），同时明确告诉所有人，将来不会收回这些现钞（或者以这种方式创造的基础货币）（为应对支付，政府将发行债券，以便缩小基础货币，并且还将长期提高税率）。

现钞（和其他高能货币供应成分）大幅增加，同时承诺不收回这些货币，这意味着长期价格会出现一定幅度的上涨。尽管不是很紧迫，但这种操作会刺激（个人）支出，从而抑制价格上涨（考虑到名义利率为零)。与现钞发行相关的(虚幻的)财富收益的因素会刺激支出立即增长的前景(或有同等效用的退税,并且承诺不会再征税,这样就不会出现李嘉图效应)将进一步被看好。迄今为止,理性的财富持有者认识到如果财富持有者增加支出,价格将会上涨,也就是说最初明显的实际收入会减少,因此获取的收益(财富)是虚幻的。

无论如何,都不能确定遏制令人担心的物价上涨而发生的支出会在何时出现。暴利受益者不会急着消费,除非他们担心其他消费者会先行一步,而等到他们消费时,物价已经上涨了。相反,负利率持续折磨着非消费者。所以从目前以及短期来看,负利率可能是刺激消费的一种更可靠的方法。

2008 年末及 2009 年初,美国开始大张旗鼓地推行“量化宽松”货币政策。在此期间,美联储和财政部催生了更高价格预期并鼓励公众相信政府不会收回现有财政政策。在这样的明确的基础之上,美联储和财政部不可能在此期间表现得过于激进。伯南克教授继续强调实现中期通货膨胀目标的决心,奥巴马政府也发布了长期预算预测,根据该预算,如果今后几年通货膨胀保持稳定,2013 年政府赤字与 GDP 比率将回落至 3% 左右。从 2013 年起,联邦政府债务占 GDP 的比例会稳固地保持在 GDP 的 70% 以下。

即使如此,美国家庭和企业至少会担心美联储的决心可能并非如表面看上去那么强烈,或者担心美联储可能决心刻意制造通货膨胀,还会担心美联储无法通过最佳操作计划实现最好愿望(不制造通货膨胀),而他们的这些担心是完全合理的。可以这样说,伯南克教授在和未来通货膨胀的受害者玩猫捉老鼠的游戏。他不是要抓住他们,而是乐于看到他们惊恐地消费。这种游戏有可能成为现实,就像黑色喜剧片《丑角》中的小丑在喜剧结尾歇斯底里地喊道:“喜剧到此结束了!”一样。伯南克设计了复杂的通货膨胀定时炸弹,他会等待很久才毁掉他的作品吗,尤其是这部作品正在如此成功地推动美元在世界货币市场下滑?毕竟对他来说,货币贬值是反萧条的货币政策的最有效的方法。

总之，可能是所谓的量化宽松政策连同伯南克及其同事在2009年早期引入的国债购买计划以一个通货膨胀恐吓故事表现出了某些潜在的刺激力。对任何这种可能的直接反证来自通货膨胀保值国债（TIPS）市场，其中10年期国债实际收益率维持在1.5—2%（按实值计算），这意味着人们不太担心未来会出现严重通货膨胀的进一步袭击。恐慌会导致通货膨胀保值国债的实际收益率降到零或零以下。从消费者调查中也能发现反证，这些调查显示人们对长期通货膨胀预期仍然保持稳定。然而，到2009年末，通货膨胀保值国债指数、天价黄金和疲软的美元都暗示人们对美国通货膨胀危险的焦虑加重了（虽然这种焦虑在全部的投资者中并不是很普遍）。

对伯南克领导下的美联储所实施的量化宽松政策这枚定时炸弹的潜在破坏性放松警惕，或许为时尚早。在强劲复苏（严重的经济危机曾经破坏了边际利润，而强周期性经济部门的那些公司恢复了边际利润，并推动了这种复苏的出现）的第一年，疲软的美元推动了价格水平良性周期性上升，这使公众更加担心未来会出现货币通货膨胀，尤其是会在2012或2013年出现新一轮的严重通货膨胀。通货膨胀预期的上升会刺激工资和物价上涨。银行系统有大量超额存款准备金，同时，美联储未首先释放货币破坏因素，人们自然对存款准备金提取缺乏信心，这些都可能导致一组可怕货币政策灾难的到来！

正如我们在欧元区所看到的，欧洲央行在他们采纳量化宽松货币政策问题上很谨慎。2009年初，欧元区拒绝考虑这种政策，他们为无风险利率设定了远高于零的限制（例如即使是在这一年早春，德国和法国政府票据仍然接近每年1%）。欧洲央行执行委员会成员洛伦佐·比尼—斯马吉在日内瓦主题演讲中为这种谨慎作出了解释（参见比尼—斯马吉，2009）。迄今为止，量化宽松政策的成功有赖于创造某种通货膨胀预期以及在下轮经济复苏的初期要有与之相关的持续一段时间的极低的负无风险利率。考虑到欧洲央行遵守的宪法中关于价格稳定的规定，这种情况不适合欧元区。

2009年5月，欧洲央行朝着量化宽松政策迈出了一小步——该行宣布计划购买占欧元区 GDP 0.5%的担保债券（优质银行抵押债券），同时相应地扩大存款准备金规模。一些关注欧洲央行的人士说，在反对量化宽松货币政策的倡议者时，德国央行（一直以来都反对超额存款准备金）在政策制定理事会上有过一次小失利，但却成功地阻止了任何接近美国或英国的量化宽松货币政策实验的实施（美英两国在这一阶段的超额准备金分别约占各自 GDP 的 7% 和 10%）。正如我们所了解的，反对量化宽松货币政策的不只是德国央行。

量化宽松货币政策的定义是在银行系统内创造大量超额存款准备金，并且由此扩大基础货币规模。德国央行间接（没有明确的证据能够证明这一点）地否认量化宽松货币政策能够在不带来严重货币失衡危险的情况下刺激经济发展。可是德国央行没有认识到伯南克领导的美联储的量化宽松货币政策将是在一场不宣而战的货币战争中使用的武器。

量化宽松货币政策最初是在《美国货币史》（参见弗里德曼一施瓦茨，1963）这本书中提出的。该书的作者批评美联储在大萧条时期，允许将货币供应量减少 30% 以上。作者暗示本来应采取积极的行动推动基础货币扩张，从而避免出现这种结果，并且赞扬了 1932 年春季实施的短期"大规模"公开市场操作（这促使后来出现了大萧条时期的短暂经济复苏）。

作者强调（并且的确引用了早期实证证据）在基础货币扩张和总体货币供应扩张之间存在一个远大于1的乘数。这个正（大于1的）乘数依赖于一个过程，通过这个过程那些拥有与超额存款准备金匹配的，存款越来越多的银行将寻找有利可图的放贷机遇，并且因此推动更大程度的货币增长（货币乘数）和信贷扩张。问题是若消除零利率限制，在市场出清无风险利率严重失衡的情况下，这些看似都是不合理的。

美联储在全球金融恐慌（始自德国和奥地利银行危机）期间，自 1931 年夏季起大幅增加基础货币，在这种反事实情况下，可以相信，这一切只会在美国银行以超额存款准备金或者现金囤积的形式累积。在启动货币乘数机制的潜在效果（顺便提一下，还有终止货币紧缩）方面没有体系可以替代成熟的负利率体系。

安娜·施瓦茨在2007年对伯南克领导的美联储的批评（参见《华尔街日报》）显示，在1930底，由于美国银行系统主要受到流动性不足，而非偿付危机这个问题的困扰，货币增加量的确可能已经十分可观。相比之下，在2007年秋季，伯南克教授在处理偿付危机这个问题时，却错将其视为流动性危机。

2009年5月出版的一篇2003年美联储政策会议的完整记录显示，伯南克教授认为以非对冲方式购买国债这种形式出现的非传统货币工具可推动长期利率下滑，对经济起到刺激的作用（通过降低收益期结构中未来预期利率的方式实现）。但近期的事实并没有证明这一量化宽松政策的传导机制有如此强大的功能，美联储宣布实施量化宽松货币政策（2009年3月中旬）以来的两个月之内，十年期国债已经攀升了100个基点，上升至3.4%。如果量化宽松货币政策在长期收益上确实没有神奇效果，难道伯南克教授就要像《皇帝的新衣》中的那个皇帝一样自欺欺人吗？

货币政策黑匣子中的一个神奇之处可能是提前宣布在经济复苏初期会实施一段时间的负利率政策。中央银行可以宣布即使中间利率可能已经上升到一个更高的水平，也要将利率控制在零之上，直到通货膨胀上升到每年2%。抱着对未来负利率的期望，一些没有受到经济衰退和去杠杆化政策困扰的实力较强的家庭可能现在已经开始实施消费计划，但这种可能性也不能启动量化宽松货币政策，即使一个巨大的超额存款准备金缓冲垫可能会使这种情况的出现更加具有合理性。在2009年秋季的一系列官方演讲中，伯南克领导的美联储明确指出，即使物价再度回升，市场已经在2010年上半年的一系列利率上调中“犯了错误”，但很明显市场最终仍然要求助这个特别的黑匣子工具。

在普遍绝望的恐慌阶段这个工具几乎不起什么作用。另外，只要零利率下限在经济萧条时仍存在，例如在2008年秋季的金融恐慌之后，那么银行风险溢价就会被压缩至完全均衡水平之下很低的位置（由于不确定性的增加，无论如何，这个均衡水平都会比正常水平高），同时抑制银行对风险贷款的狂热（若有的话），即使银行会因此获得费用和其他辅助收入。同时限制贷款业务可能成为存款人的权益缓冲垫的薄厚问题和发行新股权资本的困难，特别是预期回报率受到压缩时，也就是说扩展的贷款业务的净现值可能会是负值。

随着严重经济衰退的减缓以及经济复苏的逐渐出现（源于对货币力量的操控），均衡无风险利率开始从深陷负利率区间回升，逐渐接近零。这时，银行贷款可得风险溢价（即风险贷款与很低风险存款的利差。风险贷款利率可根据风险调整，而银行存款之所以风险很低是得益于权益缓冲垫或政府保险）开始提高。银行开始通过发放贷款应对超额存款准备金问题，并且在必要时，提高相应的股权资本额度。

因此量化宽松货币政策突然出现了，与之相应，贷款势头开始由衰退阶段进入到扩张阶段。此时即将出现一个危险，即如果央行通过一次性收回大量超额存款准备金的方法使利率恢复到正利率区间，那就会对经济造成抑制，而这种影响要远超出小幅提升利率可能带来的影响。突然收回存款准备金暂停了量化宽松政策的启动机制。当美联储在1937年突然将存款准备金要求提高了一倍时，一些历史学家所担心的情况便出现了，即这个政策加速经济陷入新的经济衰退（参见弗里德曼和施瓦茨）。（这里也有另一个假说。1937年春季，美国股票市场的下滑反映了市场收益令人失望，对“劫富济贫式的税收”的关切，对美元和现在已消失的欧洲金本位制国家集团货币的迅速升值的担忧，也反映了对地缘政治气候，包括中日战争和德国在欧洲的侵略战争的不安。）

或者，当短期无风险利率仍然在零附近时，央行可以逐渐削减存款超额准备金。在这种战略中也存在逆转的风险，即央行可能低估通货膨胀的危险。无论如何，银行系统早期泛滥的超额准备金以及短期利率长期固定在零的水平，这些意味着当中间利率水平出现上涨的信号时，货币和短期债券市场都不会有活力。

市场和央行在识别通货膨胀或通货紧缩出现时遇到的一个难题是物价水平本身具有周期性。在经济衰退期中，众多企业的劳工可以接受某种程度的减薪作为使企业继续维持业务直至市场转好的措施中的一部分。

凯恩斯观点认为减薪在衰退期间会取得相反的效果，因为这会在很大程度上降低总需求这种观点是错误的。如果不是采用接受减薪和股权所有者同意共同承担因衰退而带来的损失（接受减薪的意见），旨在希望避免企业经营活动上成本变化不定的方案，而是采用关闭企业的替代方案，那么经济中的收入和需求必然也会减少。与之类似，价格在经济衰退时期会下降至远低于正常水平，因为公司希望借此刺激极度低迷经济中的需求。

在经济衰退期，只要企业（和其股权持有者）认为当前收益价值从长期来看是乐观的，并且要比企业活动急剧减少，然后又迅速上升所带来的收益更高，那么实际上企业可能会勉强接受一段时期的预期损失。

原则上央行会借助于运气或者技巧实现平衡，但是量化宽松货币政策的批评者仍然会认为不值得冒严重货币失误的风险，货币失误会在恢复期引发通货膨胀或者是通货紧缩。更好的选项可能是将零利率限制改为衰退时期的负无风险利率，然后任由市场力量在创造高能货币的长期稳定规定之内（而非收回超额准备金之后出现的货币狂热）推动货币利率逐渐上升（从极低的负利率区间再次返回正利率区间）。或者，央行仍可维持零利率限制，但将市场参与者的注意力引导至价格水平的良性路径会如何刺激经济中来（参见本书第 10 页）。

实施基础货币控制和实现物价水平长期目标

货币政策框架的创建是纠正框架设计缺陷的一系列补救方法中的一个要素。在货币政策框架中，隔夜利率或者短期利率由市场力量灵活决定而非由央行确定。框架设计中的缺陷一直是欧洲货币联盟在第一个十年中受到非议的问题。与其说没完没了地在新闻发布会上讨论将固定利率再提高 25 个基点，欧洲央行倒不如逐步设立一个基础货币增长路径，并且将其作为调节经济的主要名义稳定锚。市场将来自不同渠道的各种信息汇集在一起，能够比货币官僚机构更好地发现（非固定的）中间利率并且将实际利率引向理想路径（由于经济长期失衡，实际利率并不总是等同于中间利率）。

为了使基础货币成为可容忍稳定锚，便需要一些更广泛的改革措施。这些改革措施的设计应在很大程度上是为了减少对存款准备金需求增长的不确定性，同时使其尽可能地具有包括若干个关键变量，尤其是能够反映正在变化的价格水平的良好功能。对短期存款准备金的弹性需求对于利率变化也是十分重要的。否则，由于没有严格固定利率，隔夜市场可能会产生剧烈波动（事实上，在第一次世界大战之前的金本位制中，基础货币确实非常关键。那时的隔夜利率波动非常大，但算不上很剧烈，可是更长期的利率的确定超出了这些因素。请参见埃森格林，1997 年提到的例证）。

这些改革包括向全部受到监管的金融中介机构的存款提出适当的高额存款准备金的要求，并且规定通常不向存款准备金支付利息（在严重经济衰退期间实施负利率这种极端的应急计划时，央行会对存款准备金收费，从而在兑换日到来时，使负利率接近存款的现钞贬值率）。

相比之下，欧洲央行继续按照目前的做法以低于其官方利率标准的微小固定利差向存款准备金支付利息。此外，这种固定利差还会受到其他偶然变化的影响，这样，存款准备金市场中供求平衡就失去了灵活性。相反，央行不得不按照完全由其决定的隔夜利率水平提供全部所需存款准备金。存款准备金的供应管理离不开需求。而且无论如何，每当调整存款准备金利率和官方利率之间的利差时，需求都会以高度不连贯的方式发生变化。

此外，欧洲央行执行的政策是将存款准备金利率固定在略低于官方利率的水平（和隔夜货币市场利率），这意味着隔夜货币市场利率和无风险资产利率，如国债或短期债券之间的利差上的灵活性非常有限（如果国债利率下滑到远低于欧洲央行向存款准备金支付的利息水平，那么银行就会卖掉他们持有的全部短期债券和票据，然后寻求增加他们持有的存款准备金）。因此准货币资产的（如国债）无风险利率与货币市场的利差未在金融危机形成前起到预警作用。作为美国的一个反例，在伯南克领导下的美联储于2008年末作出向存款准备金支付利息的奇特决定之前，所谓的TED利差，即美国短期国债利率与伦敦银行同业拆借利率之差（低于同样期限的货币市场利率的国债利率差）是一个受到广泛关注的指标。

是的，当利率太高导致市场扭曲时（比如不受存款准备金要求束缚的繁荣的离岸业务），零准备金利率可能会影响交易保证金。然而在没有持续通货膨胀和平均名义货币利率（比如0—4%的范围）很低时，这种情况很少出现。无论怎样，离岸中心都能够通过外交途径像在岸中心那样实施存款准备金要求。重要的离岸中心，卢森堡，是货币联盟的一员，现在自动遵守存款准备金要求。

实际上，欧洲央行严格固定隔夜市场利率，并且根据政策制定委员会为实现该行的目标（其中最主要的目标是实现“价格水平稳定”，现在定义为中期通货膨胀目标）对短期利率理想路径的判断作出调整。这种做法将会被基础货币增长的目标路径（和下文实现长期价格水平稳定的目标）所取代。

保证措施（复查）会以宽敞的隔夜利率浮动走廊和对更广泛货币供应总量范围监督形式出现。长期价格水平稳定的目标将会历时几十年。例如，欧洲央行可能会规定，今后十年平均价格水平应该比过去十年的平均水平高0—10%。规定的水平过高或过低都应该在对连续几年的基础货币增长目标路径所做调整中体现出来。

在本文作者之前的作品中已经介绍了如何替代通货膨胀定标的原则建立一个更稳定的新货币秩序（参见布朗，2008），但文章只是对其泛泛地表述，并未专门提到欧洲的情况。

长期价格水平稳定不应是通货膨胀限定为每年2%

在修改欧元区（还有其他货币区）稳定秩序的设想中，有一个严重的问题：这一长期目标是用价格稳定，还是用稳定但适度的通货膨胀率——例如每年1%—2%（作为年平均水平，但在中短期会出现相当大的变化）来表示。

相关文献（包括欧洲央行的官方报道）中关于更高数字的选择存在两种明显的争论。

第一种观点是，高通货膨胀率允许在欧元区内对相对价格水平作出很多调整，这种调整与一个或多个成员国要求不能出现持续价格水平下降相符（参见本书第31页）。这种思考非常重要，因为均衡相对价格水平的程度确实在欧元区内会出现变化——这种变化要比其他地方，比如说美国（在各州之间）更大。

第二种观点是，经济发展缺乏活力，尤其是德国将出现巨额储蓄盈余，这意味着欧元区内均衡无风险实际利率极易滑入负利率区间（尽管如此，在全球背景下，如果资金在国际市场高度流动，就不会出现这样的情况）。如果引入负利率体系，需要极高的交易成本和政治成本的话，那么另一种清除潜在零利率限制陷阱的替代方案就是将正常通货膨胀率设为适当的高水平（意味着即使名义利率在零以上，实际无风险利率也可能会完全在负利率区间）。

当然了，2003年决定澄清2%的目标通货膨胀率中的对称性时，就部分进行过这种思考——低于目标路径的通货膨胀率持续下降与高于这个目标的上涨是一样麻烦的（参见本书第32页）。

批评家会说由那种通货膨胀目标微调所创造的额外灵活性是很小的。在通货膨胀率受到现实力量的一定下行压力（劳动生产率提高和贸易条件改善）影响时，就会出现这种情况。因此在引起以信贷和资产泡沫为特征的货币失衡方面，这个微调时机的选择可以说再糟糕不过了。

长期（数十年之多）价格水平路径的目标是否应该是将价格水平发展趋势降至平滑水平，或者每年0—1%区间，而不是欧洲央行目前设定的2%呢？就此有如下几种观点：

第一，把通货膨胀预期固定为零也许本来就比固定为一个比较小的正值更容易。一旦通货膨胀悬而未决，家庭和企业会认为通货膨胀可能会失去稳定，并且会出现攀升。相反，致力于长期零通货膨胀很可能会在预期形成方面产生更强烈的共鸣。

第二，如果不消除零利率限制，实际利率（通过把长期价格水平目标由年均增加1%提高到2%）所获得的额外的“灵活性”是很低的。而且无论如何，既然已经稳定了长期价格水平预期，价格上的良性周期波动就应在实际经济活动中发挥一种稳定的作用（参见第10页）。在经济衰退期间，当价格会降低并且会低于未来经济好转时期的水平时，这时家庭和公司识别交易机会要比在价格增长率上涨一直保持在不正常的低水平，并且随后在经济恢复阶段又会出现超常的临时性攀升时清晰得多。此外，在经济参与者（家庭和公司）恢复经济活力时，长期价格稳定体系实际上有可能会引起周期内工资和价格的更大波动（上下波动）。

第三，当石油价格上涨或其他形式的现实冲击而引起的物价水平上涨时，将长期价格水平变化坚决地稳定为零的锚可以使欧洲央行远离（仪表盘上）恐慌的按钮（因为一旦按下按钮，则会引发货币政策的紧缩）。并且，零通货膨胀率的目标可以使欧洲央行对经济恢复初期的价格良性循环上涨保持泰然自若。周期性价格水平变化率，例如3%（和长期目标设定为每年2%相比较），可能促使货币通货膨胀警报器报警。反之，当长期目标设定为零时，那么诸如1%—2%的变化幅度将不会产生这样的效果。

第四，随着欧元区逐渐走出2008—2009年的大衰退，有充足的理由可以说明未来两年欧元区消费者物价指数的近期路径将会是平滑的，甚至可能是下滑的。德国物价水平也许会以每年0—1%的幅度增长，但是相对绝对价格水平调整的力量能充分降低那些房地产泡沫正在消退的国家的绝对价格水平——尤其是西班牙，也可能包括法国和荷兰。目前的初步迹象是一些物价和工资的确出现了灵活下降。在这种情况下，欧洲央行继续把价格水平增长目标定为每年2%，这意味着在未来会出现高通货膨胀。

正如这里所提出的，欧洲央行将会准备一个随时可用的负利率应急计划。实际上，负利率会压低相对于未来价格的现行价格，它是推动经济复苏的力量的一种补充。

欧洲货币联盟的任何此类货币改革项目都仅仅是幻想吗？要想对欧洲货币联盟现行决策制定结构或框架制定结构会作出改革是令人难以置信的（尽管不是不可能的）。或许负责撰写欧洲货币联盟辩护状的那些布鲁塞尔的经济司局（他们无权管理欧洲央行）在面对一系列压力时，会起草一份关于改革的研究论文。但是在欧洲货币联盟前十年的历史中，没有什么可以表明此类项目有可能或甚至有效影响了欧洲央行的活动（除了当固执地作出反向反馈）。

现在没有真正开放的论坛可以将外部观点列入决策进程。相反，欧元区公民却不得不接受那些官员们定期不厌其烦地向各种各样选定的听众解释他们的思想（例如欧洲央行的第一个十年或更长时间内，比尼－斯马吉的日内瓦演讲和欧洲央行执行委员会的思想家们的一系列演讲）。因此我们要面对一个更大的问题，那就是纠正欧洲央行缺乏透明性和没有问责制的问题。

让阳光洒进来吧

自从密特朗总统战胜其财政部长皮埃尔·贝格伯（1987）提议货币联盟蓝图设计委员会应由央行官员而非财务部长控制以来（原则是如果想订立农业协议，不必安排召开农业部长会议即可），欧洲货币政策制定就一直在一个灰色且几乎不见天日的地带进行。

在没有政治联盟的欧洲，货币框架制定和货币政策制定实际上已经被央行官员们组成的“政治局”掌控了。要明白这个政治局是如何获取权力的，我们应该记得在1987年有一种普遍的观点，那就是唯一的货币任务就是降低并控制通货膨胀水平。思想独立并且准备好管理强大的反通胀措施的央行官员们似乎已成功地终结了大通胀。因此，他们受到极高的敬重。

现在，要使央行官员们继续这样做下去，而不对他们的政策进行外部审查的那种想法——无论是就自由原则而言，还是高效率而言，都几乎是毫无道理的。

那种声称央行官员应不受政治影响，政客们应顺从他们的观点是荒谬的。他们或许是专家，但他们却犯了很多错误，包括一些近乎是灾难性的错误。各种专家团体之间的基本分歧是众所周知的，没有哪个具体学派有资格说他们的理论是无可匹敌的，也不会出现整齐划一的顺从。

政治自由主义必须要将货币透明度作为一个标准，包括对央行官员的控制。可是在欧洲货币联盟里谁能对这些央行官员施加控制呢（从制约和平衡角度来看）？

怎样才能将央行官员整合到政治进程中，同时又避免他们成为强大的财政部长们的代理人？要知道对于这些部长们，一定程度的通货膨胀有时会在政治算术中有着重大意义。

彻底颠覆 1988 年新自由主义者所取得的胜利

面对自由主义和稳定货币秩序之间相互协调的两难问题，德国央行的回应一直是：重温一下影响路德维希·艾哈德和其他政策制定者们在 1948 年起草实施的经济和货币改革计划的新自由主义原则吧。这次改革计划导致后来德国经济奇迹的出现。例如，欧洲央行执行委员会成员于尔根·斯塔克在 2008 年 11 月 18 日在法兰克福举行的第 11 届欧元金融周会议上说，瓦尔特·欧根的著作《经济政策法则》一直是他毕生事业的灵感之源：

> 欧根的主要见解是，要想市场经济繁荣可持续下去，就要坚持某种永恒原则，重要的是，这种永恒原则就是他所称的相互依赖的秩序。

这一哲理源自弗莱堡的一群政治经济学家（参见范伯格，2004）。新自由主义的一个关键原则是，要想市场经济不会“腐败”，某些机构（关键是中央银行）必须脱离政治进程（这些争论在影响德国央行和政府之间的关系以及后来德国走上欧洲货币联盟的道路中的作用的完整表述，请参见马什（2009）和李曼（2001））。“腐败”意味着尽管破坏市场经济的功能，国家仍然利用其权力保护强大的垄断企业或是劳工组织的利益。

新自由主义者牢记很多德国历史，从俾斯麦时期一直到魏玛共和国时期，甚至之后更远。与新自由主义形成部分对比的是沿袭了亚当·斯密、休姆和哈耶克思想的“古典自由主义者”。

古典自由主义者的理论始自斯密的主张（在他的《道德情操论》中），即人的道德观念是与生俱来的，就像他们具有与生俱来的审美观，并以自然的同类体谅（同情）为支撑一样（参见伊蒙，2007）。所以，有一只良好的无形之手在引导创建有益的社会模式。社会组织是人类行为的产物但并不一定是人类设计的必然。我们未计划的社会秩序远比我们自己推理出的任何事物更复杂更有效〔例如，参见曼弗雷德·E·斯特莱特和迈克尔·沃尔格穆特（1997）〕。

哈耶克将一个关键概念加入这一讨论，即市场是一个能动员社会分散知识的信息系统。哈耶克与奥地利学派的静态均衡理论产生争论。奥地利学派的理论原则上在为通过控制板解决恒等式问题的可能性留下了余地。是信息固有的永恒演变以及市场体系发现信息的能力，而不是控制当局形成了分散的市场。而且这一思想同样适用于社会组织及其适应能力（参见哈耶克，1978）。

古典自由主义者会在欧洲央行的整体建设及其在欧洲货币联盟内的作用上犹豫不决。改革道路上的各种严峻束缚，如使官员们部分（若不是全部）远离推动变革和适应的建设性政治力量的那种长期固定任期，都深为古典自由主义者所厌恶。但同样是这些障碍，新自由主义者却完全理解并欢迎。

在欧洲货币联盟的筹备阶段，新自由主义概念居于主导地位——在缺少政治联盟的情况下，考虑到法国和德国之间的交易性质，也没有其他可选方案。

反对货币自负离不开政治联盟

19世纪70年代和80年代，奥特玛·埃明格尔和赫尔穆特·施莱辛格（先后是首席经济学家和后来的德国央行行长）声称德国央行的一贯立场是欧洲政治联盟先于欧洲货币联盟。这种立场不是基于对古典自由主义的担忧，而是基于货币决策不能与整体经济决策（包括财政政策、金融稳定和货币稳定）脱离的观点。我们一旦要考虑无问责制、不透明性和职务任命等招人烦的问题时，就会得出同样的结论。

尤其是，尽管央行官员们应须服从一些他们不得不遵守某些主导性的体制原则（关于货币稳定性），否则将会面临被弹劾或是受害民众要求私人法律赔偿的危险，可是他们还是可能会再次陷入政治市场的争吵之中。

央行行长将由设想的政治联盟的行政部门任命，任期为三年至四年（不是现在新自由主义所设计的欧洲货币联盟规定的八年制任期），而这个政治联盟需获得立法部门批准。立法机关会委任货币审计委员会，委员会成员由各党派选定的能够代表党派的货币专家组成（按照各自在议会中的议员比例）。

审计委员会可以自由审计货币政策制定的全部记录，并且有权审查决策制定者。委员会撰写的任何报告都可有不同的观点——可能如同代表各党派的那些委员会成员一样，观点会彼此相异。议员也能在委员会成员履行职责时对其施加影响。

报告将提交至议会货币委员会。该委员会对欧洲央行负责，同时出版这些报告。这些报告可以用来提高议会和欧洲央行之间形成的共识的质量（共识包括关于货币改革和重新委任高级官员等的讨论）。实际上，货币审计委员也应撰写特定高级官员的最新工作报告（也许这会引发许多异议）。

这里所描述的作为欧洲政治联盟背景下货币联盟的原型的开放框架与不受任何有效货币审计、力图推广各自机构的央行官员们的那种框架是大不相同的。例如，伯南克教授因为推广了其机构，参加了市政厅风格的一小时电视论坛节目（由《新闻时间》节目主持人吉姆·莱勒主持）并且回答当地居民的问题，为此他赢得了赞赏。

一个小企业主问伯南克教授，为什么美联储帮助拯救大银行而不重视小公司，他回答道他不得不这样做，因为他担心整个金融系统会瘫痪。但是，如果允许那些强烈批评伯南克观点（或许很少）的审计委员会成员参加这次城市会议，并且指责伯南克教授犯了严重错误的话，那么，这次会议的结果又会如何呢?

可以对美国货币政治辩论的总体背景客观公正些。在同一周，对伯南克教授的谴责攻击就出现在《华尔街日报》上，安娜·施瓦茨教授认为绝不应再次任命伯南克为美联储主席（参见施瓦茨，2009）。而且值得注意的是，2009 年 7 月中旬进行的盖洛普民意测验显示，只有 30%的美国人觉得美联储做得不错或是很棒。在对九个主要政府机构的评价中这是最低的。事实上，就连赞成美国国税局的美国人也比赞成美联储的多。

实际上，要想在欧洲政治联盟之下能够出现一个比当今遥远的美国所提供的那种形式还要更严格的货币民主制度，目前还无处可寻。不管怎样，政治联盟本身不能保证货币民主或欧洲货币联盟有一个更好的结果。这很大程度上取决于政治联盟能否成功变成一个“市场”，在这个市场中，无形之手在商业和决策领域都能高效运转。

美国的货币民主并不是欧洲的好榜样

自从 1913 年美联储成立以来，美国的一系列货币政策灾难说明美联储明显缺少民主掌控。那些应对这些灾难负责的最高官员们从来没有受到货币审计委员会成员的威吓或抨击，也很少会受到有权势的议会委员会主席的责难。他们高高在上，头顶光环，没有冲突，与古典自由主义相比，他们更接近于新自由主义的观念，尽管比欧洲央行官员们差一点。可以说，美联储主席中有三个主席由参议院批准再次被委任为主席，这带来了灾难性的后果（尽管1973年早期伯恩斯教授再度连任主席时，大通胀的影响还并不明显）。

不过，或许在未来几年，政治自由主义将会在重塑货币政策制定过程和框架方面取得成就。国会议员罗恩·保罗提议对美联储实行定期货币审计（然而，通常的审计只是由审计总署职员进行——与此处的更广泛审计建议相差甚远）这个提议在撰写时就得到众多关注。

关注美联储主席定期参加国会听证会的人们一定会对美国背景下的问责制和控制功能印象深刻。在格林斯潘的整个任期内，没有人彻底质疑已出现的问题。相反，艾伦·格林斯潘作为大师主持听证会，恭顺的参议员和国会议员们礼貌地就广泛话题提出问题。本·伯南克任主席期间，没有议员就是否有针对2007年末采取的大规模对冲式流动性支持和长期抑制通货膨胀政策的替代方案和更好行动措施提出问题。

伯南克教授在信贷泡沫形成中的责任这个问题上，很少受到国会的质疑（作为新理事，他在2002年和2003年提出的关键建议中提到美国面临日本式通货紧缩风险的威胁，并且应将通货膨胀引入美国经济）。不过，美国国会的监督功能也有值得表扬之处。有记录显示2008年7月15日参议员邦宁对参议院银行业委员会作出如下陈述（陈述对象是委员会主席）：

> 首先，在货币政策上，我对美联储在去年和过去十年都做了什么非常关切。美联储总是索要更多的权力，但事实证明他们虽拥有这些权力却并没有赢得人们的信任。他们的货币政策是使我们陷入混乱的主要原因。现在美联储想成为系统风险调节者，但它本身就存在系统性风险。

国会没有人质疑美联储于2009年初实施的量化宽松货币政策的优缺点，更别说（由议会专家小组）建议实施负利率体系了。

然而，从美国国会议程中我们可以发现一个使央行更透明并且使其更严格遵守问责制的方法。

我们可以在国会对总统内阁人员提名的审核批准程序中找到这样的提示。例如，一个财政部长提名人选要回答来自不同参议员的一长串问题，其中一些问题交给独立学者，让他们补充困难的问题。另一个提示来自于半年度的定期货币声明。国会有时会在前一天召集一个由专业学者组成的影子小组来证实他们是如何看待当前推行的货币政策的。

当然，虽然著名的雄辩专业学者的言辞犀利，但是将他们引入问责制进程中并不能保证能够从现在或历史的角度提出适当的问题。如果在一个广为流行的货币中出现了缺陷，但是却被误导，那么许多学者将会像政策制定者一样感到不舒服。在 20 世纪 90 年代和 21 世纪第一个十年就有这样一个例子，虚幻的“通货膨胀定标”学说，很不幸的清除了货币通道的权利。只有极少数的新奥地利学派的经济学家，或许还包括部分借鉴了米尔顿 · 弗里德曼早期警告的折中主义者，对通胀定标者新处方的危险和谬论发出了警告。

当心经济学教授!

上个世纪，许多著名经济学教授的都参与了使欧洲和美国损失惨重的货币政策的制定。

德意志帝国银行行长海文斯坦教授，在魏玛共和国恶性通货膨胀期间，以高效组装纸币印刷机为荣。

亚瑟 · 伯恩斯在文章中对通货膨胀的弊端提出了警告，然而他却管理过美国和平时期最严重的一次通货膨胀。

本 · 伯南克教授是研究大萧条的著名学者。他在米尔顿 · 弗里德曼的生日聚会上（2002 年）明确地表示美联储再也不会重蹈覆辙，然而正是那些错误又造成了美国自大萧条之后最大的经济泡沫及其破裂。尽管一些评论员声称，最终伯南克的紧急援助方案充分显示了他的才能。

默文·金教授制定货币政策的指导原则非常枯燥，他将通货膨胀目标设定为每年2%（仍在有效，尽管中途曾因通货膨胀定义的修改，去除了房产，并将目标向上调整），这使英国迅速出现现代史上最大的信贷泡沫。（金教授在2005年8月决定实施小幅利率下调，这个微小的决定被其反对者成功否决。任何对这一细节的更好的描述都会说明，这次否决事件之后，金教授没有再坚持推行严格的货币政策，并且也没有证据显示他曾认真思考过英国经济处于严重货币失衡的这种论断。2007年6月，金教授希望将隔夜利率再提高25个基点至5.75%，那时英国经济已经处于衰退之中，而且信贷泡沫破裂的情况已经很明显了，因此他这个提议再次遭到否决）。

奥托马·伊辛教授以其在充满不确定性的世界中对货币政策最佳操控的学术研究而久负盛名。他曾担任欧洲央行货币政策框架设计主席，但是那个框架存在严重缺陷，无论如何也无法阻止欧洲央行在其第一个十年前后重复大致和美联储一样的政策性失误。伊辛教授的货币框架也没有制止欧洲央行在一个完全缺乏灵活性的悲喜剧中的停止表现自己。在这部悲喜剧中，该行在经济萧条到来后的六个月内和全球信贷动荡几乎一年时就将无风险利率提高至大约5%。

没错，国会议员可能会请一名有声望的外部教授对负责央行的教授提出质询。但是，这会给谁留下深刻印象吗，尤其是那些政策制定者？教授行长只不过可能会中伤一下挑战者的智商而已。

尽管需要那些持不同意见的孤独的学者们作为国会证人，但是需要有一个比这更有力的概念去摧毁央行官员的权力，揭露那些可能隐藏在虚假外表之下的低效、误解和傲慢。这就是融入政治进程的议会货币审计委员会的提议的魅力所在。审计委员会成员们不会在达成共识过程中被剥夺言论自由。相反，他们能广泛积极地揭露缺点和瑕疵。如果没有形成共识，就把这些缺点和瑕疵集合成一个少数派的意见，多数派出于各种各样的理由（当然包括政治关系）决定采纳一种更易接受的方法。这一切的关键就是，审计委员会中任何一个挑战者都有权知道决策桌上所发生的一切详情。

20 世纪 90 年代，参议院银行业委员会主席冈萨雷斯提出过一个提议：他曾寻求对所有政治会议进行连续的电视直播并向参议院银行业委员会（尽管并不必是向公众）及时提供完整未经编辑会议记录。设想中的货币审查委员会可能会坚持拥有这种特权。

冈萨雷斯的这个提议从来没有变成法律，但就信息自由而言，已经取得了一些边缘进展——托马斯教授成功地得到了伯南克教授在 2007 年 8 月金融危机那些天的电话通话记录就可以说明这一点。记录详尽地披露了伯南克主席和美国最大银行的董事会董事，前财政部长之间的通话往来。在撰写本书时，彭博新闻社正在与美联储就获得大规模廉价对冲式信贷的支付详情进行一场法律诉讼，而在欧洲尚未享有这种信息自由。

剥掉欧洲货币政策透明度的虚假外衣

作为一个因脱离欧洲公众而会使自己处于风险的机构，就政治正确性而言，欧洲央行已经深深地意识到了政策透明度和问责制的重要性。此外，有一些来自欧洲央行官员和研究员的报告和谈话。这些报告和谈话的主题是如何可以在保持透明度情况下作出正确的预测，从而使货币政策的制定更加有效（参见彼得拉 · 杰拉特兹，2008）。

所有这一切都与真正最激进形式的透明度和问责制相去甚远。这种形式可以开阔政策决策者在考虑一些重要方针时的视野，并且降低他们草率行为未被发现的可能性，及时使决策者避免走上一条错误的道路从而使他们成为更好的决策者（虽然不能确保成功）。

美国和欧洲央行的行长们很愿意在透明度方面做点让步——对他们已发表的宏观经济预测作出修改——但这些让步的价值也有限。像所有的预测一样，这些预测经常出错。衡量央行行长的成功与否的标准应该有别于衡量经济预测机构的标准。

欧洲央行声称他们是开放的，并且引用政策制定会议之后的新闻发布会以及每个月撰写的详细的欧洲央行政策报告来证明这一点。但是任何关注这些会议的人都会意识到发布会上提出的问题毫无例外都非常肤浅，而且在这些问题之后没有提出任何严肃的后续问题（记者很少会问尖锐的问题）。事实上，新闻发布会的历史记录很糟糕，并且行长有权选择由谁提问，这意味着迄今为止，通讯社即使派出最优秀的经济调查记者能向行长提出有见解深刻的问题，他们也没有机会提问。

欧洲央行坚决不采纳美国的做法，即在几年后公布决策制定会议的完整会议记录（由于这些会议记录经过编辑，因此是不会有什么深刻的见解的，而且无论如何在召开正式会议之前，会消除所有分歧）或是全部文字记录。欧洲央行官员声称如果政策制定者将消息透露出去，他们就会面临来自国内各种政治力量的压力，这种行为是要坚决禁止的！但是，除了在新自由主义的虚幻世界中，这怎么会是一件坏事呢？

控制央行官员、消除渎职和无能，并使央行官员们的政策制定更开放透明，这些工作或是没有开始，或是在世界各地仍处在初期阶段。即使金本位制已经崩溃近一个世纪，其自动调节功能使这些问题不具任何相关性。关于是什么错误使信贷泡沫越来越大，最后以毁灭性的方式破裂的研究，迄今为止最令人失望的一点就是：欧美的政治经济体在处理货币政策框架，包括处理决策过程中存在的深层缺陷时还没有生成自我纠正力量。

也许在未来的十年中，这种力量可能会在美国得到加强。约翰·泰勒教授（布什政府的资深国际经济事务官员）在其可称做“我控诉”美联储（参见泰勒，2009）的书中做了一些开拓性工作，但是对这个政治体系还缺乏深究。在这个体系中“贪婪的银行家和对冲基金”很容易成为民粹主义愤怒的导火索，不过在美国议会中大力支持对货币政策进行审计的风潮可能是一个重要个例（参见本书第 91 至 92 页）。

在欧元区，人们对金融管理部门的功能很失望，政治体系在运行中没能遏制滥用职权，也没能使无能者尽职，这使得要求审计的呼声就更可以被理解了。

然而德国尊重独立自主的金融管理部门的传统是根深蒂固的。即使主流政客们有智囊团为他们批评欧洲央行提供恰当的武器弹药，他们也不会通过批评欧洲央行的表现获得任何政治收益（就他们在公众中的受欢迎程度而言）。相反，他们要冒着被视为破坏德国在战后作为欧洲联盟的一个模范成员，并以此为基础形成的凝聚力和稳定性这种良好局面的危险。

法国的统治精英们对揭露欧洲央行无能的货币管理能力不感兴趣，因为这不仅是精英们的自我指控以及对其在推动有缺陷的欧洲货币联盟时所起的作用的指控，而且这确实也会分散以在欧洲机构框架内牢固一体化为基础的法国力量。

对于法国和德国的政客们来说，加入到正在酝酿的反对“安格鲁－萨克逊金融”的灾害（包括对冲基金）以及反对瑞士私人银行的民粹派愤怒之中，要比仔细研究欧洲央行的缺陷，以及这些缺陷是如何严重加剧了世界，尤其是欧洲信贷泡沫的形成和破裂以及现在如何导致欧洲出现了隐约可见的迷失的十年要容易得多。

欧洲迷失的十年

至少以现在熟悉的经济学来阐述，“迷失的十年”本身就是一个不严谨的术语（这个术语在非经济学中使用的例子是斯科特·菲茨杰拉德把“迷失的十年”作为他一部短篇小说集的标题，故事集描述的是 20 世纪 20 年代美国的当代生活）。多数关于迷失的十年的讨论出现在近期对 20 世纪 80 年代末期步入经济泡沫的那段日本经济史的描述之中。回忆是多么变化无常啊！

实际上，在所有的指标中，日本的泡沫经济比欧美在 21 世纪前十年遇到的情况都要严重（参见艾力伯，2009)。(20 世纪 80 年代，日本的股票价格上涨了 5 倍，房地产价格增加了 6 倍，家庭财富占 GDP 的比重翻了一番。相反，从 1998 年到 2006 年这短短几年间，按绝对价值计算，美国所有地区的平均房价增长了 60%，尽管一些热门地区的房价上涨了2.5倍，家庭财富占GDP的比重也增长了15%—20%。在20世纪80年代，日本的经济泡沫要比美国最近的泡沫大10倍）。

虽然在20世纪90年代，日本的经济经历了三次经济扩张（分别是1993年至1994年、1996年至1997年和1999至2000年），然而从总体上看，这段时期的劳动生产率增长是良好的，这得益于日本和中国的飞速一体化使商业部门出现扩张。事实上，时事评论员神原英资教授曾经声称，在日本，20世纪90年代对于国有产业来说是迷失的十年。但是对于私营产业来说，这却是一个剧烈变化的十年（参见本书第29页）。

不过，虽然如此，即使迷失的十年这个术语本身就容易使人误解。我们在修订日本20世纪90年代经济史时，也不应该使经济损失程度降至最低，尽管实际上的结果看上去没有那么糟糕，但泡沫及其破裂的必要条件——严重货币失衡在经济机会失去之后还是产生了长期严重的持续性影响。没错，20世纪90年代对于日本来说，并不全都是坏消息，因为最起码没有出现经济大萧条，而且人们的总体生活水平得到了提高。然而，20世纪80年代末90年代初，巨大的经济失衡意味着大量经济资源的浪费。20世纪80年代末，虽然建筑和设备不断积累，但并未带来收益，甚至出现了负收益，在人力资源培训和人才开发方面也没有取得成功。

或许这个十年就是采用什么措施将经济机器中（资本产出比率恢复至正常趋势曲线，比率中的资本包括市场衡量的，而非书本衡量的人力资本）的泡沫及其破裂带来的绝对损失的破坏因素加以消除以及使自然就业率恢复正常范围的十年。但是在这期间可能产生的损失以及人才浪费却是永久的。

欧美信贷泡沫和房地产泡沫的巨大浪费是在21世纪前十年的中间几年积累起来的。这些浪费在以下领域都可以看到：过多的房屋建设、在铺张消费产品上的过度投资、过多的大型购物商城建设、在人力资源的某些方面（例如，金融工程和中介的专业知识）投资过剩，以及在某些利用定价不足的杠杆工具蓬勃发展的强周期性产业也出现了过剩投资（尤其是汽车业）。

总的来说，通过历史对比，定性证据并未显示出庞大的总体过剩（但是在有的地区和国家范围都出现了严重浪费现象）。虽然有的地区最终将囤积的过多房屋拆毁或是租赁出去，但是房屋的建设还是超出了需求，尽管在大多数情况下，随着人口的不断增长，房子是不会空着的。这些都证实了就经济资源利用来说，这些最初的房屋建设都是极度浪费的。金融工程和中介的人力资源会重新整合（通过再培训）。在欧元区之外，尤其是在英国，公共支出曾经出现大范围的过度扩张（基于理性成本效益分析），这种支出来自金融体系中泡沫部分所带来收益的支持。

削减总体建设活动可能会历经长期的痛苦。但是即使在最高点，这种供过于求无论在任何方面也无法同标志着魏玛德国 1928 至 1929 年的繁荣的结束，或者美国爵士时代的终结的过剩建设泡沫相提并论。20 世纪 20 年代的股权泡沫造成了非金融领域投资的巨大浪费。一旦玫瑰色美景的颜色褪去，资本收益率甚至无法达到正常水平。在 21 世纪第一个十年，这种美景以及股权泡沫仅出现在金融业、房地产业以及商品领域（虽对此还有争议）。

从“萨拉热窝事件”到欧洲的货币竞争

欧洲或是美国经济泡沫形成和破灭之中的十年，从任何深刻的历史意义来看，都可称“迷失的十年”，而这在事先是没有什么征兆的，但是毫无疑问，经济机会遭受了一次巨大浪费。

欧洲极大的遗憾是，严重但是可避免的货币政策的失误即使没有带来毁灭，也造成了如此巨大的浪费。欧洲货币联盟没有履行承诺，它并未向其成员国提供一个比在此之前的、由德国主导的体系中的更加优越或是与之类似的货币环境。何况还出现了合理并且可能会比这两个体系更好的替代方案（其中一个方案便是：法国、德国和荷兰实行独立货币，所有独立货币自由浮动，各国央行独立控制基础货币，同时为国内价格水平路径设定长期目标）。

相反，欧洲货币联盟的缺陷以及欧洲央行政策制定和框架制定的错误使货币环境变得异常混乱（“混乱”的定义远超出了价格水平如何盯紧规定的“中期”路径这种过分简单且容易误解的标准。关键是，这个定义还包括从约翰·穆勒以来一直到奥地利学派和芝加哥学派所介绍的货币失衡这些更全面的概念）。

认为随着不断地吸取教训，欧洲货币联盟不太可能会向经济机器中投入破坏性因素，这种乐观情绪是缺乏根据的。最新记录显示欧元官僚主义特别自负，这种自负没有受到内外部推动修改货币政策制定程序力量的影响。

对欧洲以及美国货币未来的最现实的预测很可能是，现状还会延续下去，不会发生任何根本性改变。在后金本位制时代，还没有哪种货币控制体系和对那些高度集权的所谓的“央行”进行有效民主检查的体系得到充分发展，甚至能够足以阻止严重货币失衡周期性爆发。

一些历史学家认为，即使是在国际金本位制的全盛时期（1870—1914 年），货币失衡也会出现周期性大爆发，尤其是在 1906 年至 1907 年。然而，（就波及范围来看）这些爆发从未达到 1927—1937 年（第一次严重全球信贷泡沫和破裂），或是 1967—1979 年（和平时期的大通胀），甚至是 1997–2009 年（第二次严重全球信贷泡沫和破裂）那样的严重程度。此外，1906 年至 1907 年的信贷泡沫和破裂与美国财政部藐视金本位制的规章制度有关，那时美国财政部和纽约的银行对其巨额现金存款实施了严重干预（参见布鲁纳，2007）。

和其他地方一样，欧洲的纸币和政治现实经常出现政治动荡。欧洲货币联盟的成立以及其最新发展并没有改善伊甸园外的金融环境。货币联盟职能改进缺乏合理预测，这显示没有理由相信未来会出现什么希望。

是的，这为货币经济学家绘制（的确有这种倾向）下面这一个蓝图提供了可能：欧洲货币联盟如何完全或部分恢复到金本位制下盛行的低货币动荡和长期价格水平稳定并存的良好状况，应该有个以修改后的基础货币定标为基础的崭新政策框架。或许公众对这个新框架的信心可以来自一个黄金公式。在这个公式中，高能货币（或至少是对启动货币总量的补充）由规定的黄金权重支持（不受官方影响，或者将货币和黄金的兑换率定位 1:1）。然而，作为欧洲货币一体化的整个人类奋斗史，其无法使人对未来会有这样的路径感到一丝乐观。

也许事情的真相是：1914 年 6 月 28 日星期日，在萨拉热窝射杀了斐迪南大公的那颗子弹点燃了熊熊战火，而这场战火所引发的众多灾难中的一个就是终结了一种世界货币体系和欧洲货币体系。尽管这种体系有不完善之处，但是别无其他选择，而且重新建立这种货币体系是完全不可能的。

面对货币魅力的最初下滑，一些奥地利学派的经济学家们曾钟情于以私人发行货币竞争为基础认真推动货币体系的发展。作为一个实际问题，这还没有开始，并且从理论上来看，还有很多模糊不清之处。

然而，从奥地利学派的幻想中可以得出一个诱人的想法，即货币竞争和货币多样性是次优货币世界的重要元素。

当然，在欧洲，如果再多几种国家货币竞争和几个央行，这些货币和央行不会同时陷入同一种有缺陷的货币政策理论之中。与美国相比，欧洲也会发现其货币的竞争优势。

在向众多听众宣扬各自调控模式的潜在优势，并指出其他国家竞争模式的不足时，欧洲几个独立竞争的国家央行不会感到有所顾虑。多样性而非一致性应是货币竞争中的亮点，这样就不会以如此严重的破坏性方式，全都同时出现错误了。

参考书目

Aliber, R. Z. 'Client Letter', 29 April 2009.
Aliber, R. Z. and Kindleberger, C. P. "Manias, Panics, and Crashes", Palgrave Macmillan, 2005.
Baba, McCauley, R. and Ramaswanny, S.'US Dollar Money Market Funds and non-US Banks', BIS Quarterly, March 2009.
Bank for International Settlements, Annual Report, June 2008.
Bini-Smaghi, Lorenzo 'Conventional and unconventional monetary policy', Keynote lecture at the Center for Monetary and Banking Studies, Geneva, 28 April 2009.
Blamen, Robert 'Bernanke-ism: Fraud or Menace', Paper delivered at Burton S. Blumert Conference on Gold, Freedom & Peace, LawRockwell.com.
Broaddus, J. Alfred and Goodfriend, Marvin 'Sustaining Price Level Stability' Federal Reserve Board of Richmond Economic Quarterly, Vol. 90/3, Summer 2004.
Brown, Brendan 'Bubbles in Credit and Currency', Palgrave Macmillan, 2008.
—— 'Monetary Chaos in Europe', Routledge, London, 1986
—— 'The Euro on Trial', Palgrave Macmillan, 2004.
—— 'The Yo-Yo Yen', Palgrave Macmillan, 2002.
—— 'The Case for Negative Interest Rates', November, 20 Financial Times, 2008.
—— 'This is not a tale of two depressions', *Financial Times, 18 June 2009.*
Brown, William Adams (1940) 'The International Gold Standard Reinterpreted 1914–31', New York, National Bureau of Economic Research.
Bruner, Robert and Carr Sean, D. 'The Panic of 1907: Lessons Learned from the Market's Perfect Storm', Wiley, New York, 2007.
Brunnermeier, Markus K. 'Deciphering the 2007–8 Liquidity and Credit Crunch',

Journal of Economic Perspectives, 23(1), pp. 77–100, Winter 2009.
Buiter, Willem, H. 'Overcoming the zero bound on nominal interest rates with negative interest on currency: Gesell's solution', *The Economic Journal*, 113 (490), pp. 723–46, 2003.
Butler, Eamonn 'Adam Smith – A Primer', IEA, 2007.
Bank for International Settlements, Annual Report, June 2008.
Cecchetti, Stephen G. and Schoenholtz, Kermit 'How Central Bankers See It: The First Decade of ECB Policy and Beyond', NBER Working Paper 14489, November 2008.
Dimand, Roger and Geanakoplos, John 'Celebrating Irving Fisher: The Legacy of a Great Economist', Blackwell, 2005.
Eggertsson, Gauti and Woodford, Michael 'The Zero Bound on Interest Rates and Optimal Monetary Policy', Princeton University Working Paper, 26 June 2003.
Eggertson, Gauti, IMF 'How to Fight Deflation in a Liquidity Trap: Committing to be irresponsible', 1 March 2003.
Eichengreen, Barry 'Viewpoint: Stress Test for the Euro', *Finance and Development*, June 2009 (IMF).